Pier Paolo Pasolini
Mamma Roma

SERIE PIPER
Band 302

Zu diesem Buch

In Pasolinis 1961 entstandenem Text (1962 wurde der gleichnamige Film gedreht) sind, wie in »Accattone«, »Vita Violenta« und »Ragazzi di vita«, Menschen aus dem römischen Subproletariat die Protagonisten. »Mamma Roma«, eine Prostituierte mit kleinbürgerlichen Träumen und Sehnsüchten, versucht, aus diesem Milieu auszubrechen. Als ihr Zuhälter heiratet und in die Provinz zieht, holt sie ihren halbwüchsigen Sohn zu sich, macht einen Gemüsestand auf und bezieht eine neue Wohnung. Mit allen Mitteln versucht sie, aus Ettore etwas Besseres zu machen, doch den Jungen, an dem sie mit ingrimmiger Liebe hängt, fasziniert mehr das Leben der gleichaltrigen Herumstreuner als die triste Existenz eines kleinen Angestellten, zu der Mamma Roma mit ihrer Vitalität und ihrem Ehrgeiz ihm verhelfen will. Bei einem dilettantisch ausgeführten Raubzug wird er erwischt und kommt ins Gefängnis. Eine wirkliche Chance hat es für ihn nie gegeben, der Ausgang stand von Anfang an fest.
»›Mamma Roma‹ enthält die gestörte und tragische Dialektik zweier einander fremder Subjekte: der Mutter, die ihren Sohn in die höhere Klasse hinaufheben will, und des Sohnes, der an diesem falschen Anspruch und seinem wirklichen Lebenszusammenhang mit dem Subproletariat zugrunde geht. Schließlich verliert hier nicht nur eine Frau ihren Sohn, sondern die Mutter Rom ihre subproletarischen Kinder.«
Wolfram Schütte

Pier Paolo Pasolini, geboren 1922 in Bologna; studierte dort Philologie und Kunstgeschichte; veröffentlichte als Zwanzigjähriger seinen ersten, in friaulischem Dialekt geschriebenen Gedichtband; siedelte 1949 nach Rom über, wo er zunächst als Lehrer arbeitete. Nach der Veröffentlichung von »Ragazzi di vita«, »Una vita violenta« und mehreren Gedichtbänden wandte er sich Mitte der fünfziger Jahre vor allem dem Film zu; war ab 1966 Mitherausgeber der Zeitschrift »Nuovi Argomenti« und schrieb zahlreiche Essays über Film, Sprache, Literatur und politische Fragen. Pasolini kam 1975 in Ostia ums Leben.

Pier Paolo Pasolini

Mamma Roma

Aus dem Italienischen von
Ulrich Enzensberger

Piper
München Zürich

Die Originalausgabe erschien 1965 unter dem Titel
»Mamma Roma«
in dem Band »Alì dagli occhi azzurri«
bei Aldo Garzanti editore, Mailand

Von Pier Paolo Pasolini liegen in der Serie Piper außerdem vor:
Teorema oder Die nackten Füße (200)
Vita Violenta (240)
Gramsci's Asche (313)
Accattone (344)

ISBN 3-492-00602-7
Deutsche Erstausgabe
März 1985

Umschlag: Federico Luci, unter Verwendung
eines Fotos von Anna Magnani als »Mamma Roma«
aus Pasolinis gleichnamigem Film
Gesamtherstellung: Clausen & Bosse, Leck
Printed in Germany

1

Drei hübsche Schweinchen kommen herein, auf dem holprigen Fußboden, hüpfen zurück und quieken, erschreckt und verwirrt. Jedes ist angetan mit einer Krawatte, eins hat einen Hut auf dem Kopf, eins ein Schleifchen am Schwanz, eins trägt ein Paar Strumpfbänder.
Sie kommen herein wie eine Bande Verrückter, zum Tod Verurteilter, wie eine Balletttruppe. Hinter ihnen sieht man einen Besen hüpfen, und die ihn schwenkt, schüttet sich aus vor Lachen.

Mamma Roma Frau Braut! Hier, unsre Brüder!

Im Innern der Osteria sitzt eine Tafelrunde wie beim Abendmahl, ungefähr vierzig Gäste, hufeisenförmig um einen Tisch gruppiert: Verwandte der Braut, Bauern, kohlrabenschwarze Gestalten, und die Kollegen des Bräutigams, samt und sonders Zuhälter.
In der Mitte der Bräutigam, Carmine, und die Braut, den Schleier auf Windstärke 12 über den Haarmassen, hoch wie ein Thron.

Carmine Brüder, Landsleute, Italiener!

Zerzaust und ausgelassen steht Mamma Roma da und treibt die drei Schweinchen mit Besenschlägen hinein in den großen Raum der Osteria.

Mamma Roma Was heißt hier Italiener! Willst du behaupten, persönlich kennst du sie nich? Clementina, darf ich vorstellen: deine Schwager und Schwägerinnen!

Die Schweine möchten sich verdrücken, und Mamma Roma kämpft und schwingt, um sie zusammenzuhalten, wie besessen den Besen.

Mamma Roma Das da is Peppe, siehst du ihn? Das is Nicola, und das da is Regina, die unnatürliche Sau! Ah, ah, wenn du wüßtest, was die treibt! Frag lieber nich!

Die Zuhälter, um die bäuerliche Tafel herum aufgereiht wie die Apostel, geben ihr Zunder.

Blonder Zuhälter Sag schon, sag schon! Genier dich nich, wir nehmen hier alle kein Blatt vorn Mund!

Mamma Roma Die treibt Sachen! Ah, ah!

Schwarzhaariger Zuhälter Und was sind das für Sachen?

Mamma Roma Die geht anschaffen!

Rothaariger Zuhälter Die Glückliche!

Mamma Roma Hast du kapiert, was die macht?

Sie schreit es, an die Braut gewandt.

Die Braut mit ihrem großen, weißen, wehenden Schleier wendet sich mit blutrotem Kopf dem Bräutigam zu, ihrem Carmine mit seinem dünnen, schwarzen Schnurrbärtchen.

Mamma Roma Schau sie an, schau sie dir an …

Die kleine Sau hüpft umher, mit ihren schamlosen Strumpfbändern.

Mamma Roma Weißt du, was die treibt? Die geht …

Sie kann den Satz nicht zu Ende bringen; die ganze Zuhälterrunde bricht in einen einzigen, einmütigen Schrei aus, in die alte Ovation:

Zuhälter Hoch das Brautpaar! Hoch das Brautpaaaaar!

2

Es ist zwei. Noch betrunkener, noch wilder hingefläzt die Zuhälter und Nutten, zwischen den bäuerlichen Verwandten der Braut, ein lästerliches Durcheinander. Die Schweinchen grunzen beruhigt in den Winkeln, zwischen den Beinen.

Brautvater Ich will euch sagen, meine lieben Kinder … heute, an diesem Tag …

Blonder Zuhälter … wo wir Hafturlaub haben …

Brautvater … heute, wo wir alle hier versammelt sind, will ich euch sagen …

Schwarzhaariger Zuhälter … daß du ein Spitzel bist!

Brautvater … daß ich mich freue über diese gesellige Runde … Auch wenn wir Landwirte sind, haben wir …

Und er schlägt sich mehrere Male kräftig vor die Brust.

Rothaariger Zuhälter Tuberkulose?

Brautvater ... haben wir ein Herz im Leib! Und ...

Und er faselt weiter, betet in seinem Genzaner Dialekt ohne Sinn und Verstand biblische Sätze her. Mamma Roma unterbricht ihn, indem sie wie wild in die Hände klatscht.

Mamma Roma Hoch das Brautpaar!

Alle Hoch das Brautpaar!

Carmine und Clementina geben sich einen Kuß. Der Schwiegervater ist stehen geblieben und wartet nur darauf, seinen Sermon wiederaufzunehmen.

Mamma Roma Jetzt setzen Sie sich halt hin! Auf die Art sind Leute schon gestorben! Sie wollen uns doch keine Bibelstunde halten, oder! Eine Messe wird nich gesprochen, die wird gesungen!

Blonder Zuhälter He, Mamma Roma, sing uns was Schönes vor, was fürs Herz!

Mamma Roma springt auf, mit dem Glas in der Hand, und gesagt, getan schmettert sie los, voller Gefühl.

Mamma Roma Blüte der Rooose,
ich sing, wenn ich singe, lustig drauflos,
aber sing ich alles frei raus,
geht das Fest in die Hoooose!

Nun springt der Bräutigam auf mit seinem schwarzen Schnurrbärtchen und dem schwarzen Haarschopf eines Banditen, mit glühenden Augen.

Carmine Blüte im Sand,
du lachst, als geht dich das alles nichts an,
aber vor Wut verlierst du gleich den Verstand!

Und Mamma Roma kontert, ohne einen Augenblick nachzudenken:

Mamma Roma Blüte der Kamille,
unter uns ist eine Unschuld vom Land,
besser, wir halten alle den Mund und sind stille!

Aber die Unschuld vom Lande, die Braut, wer hätte das erwartet, erhebt sich mit einem Mal zwischen ihren Schleiern und geht mit alter bäuerlicher Wucht zum Gegenangriff über:

Braut Blüte der Gurke,
dieser Schnurrbart hat einer den Kopf verdreht,
jetzt ist sie stinkig, weil er von ihr geht.

Mamma Roma Blüte aus Scheiße,
es tanzt jetzt eine andre nach seiner Pfeife,
ich hab' mich von einer Fessel befreit – gute Reise!
Frau Braut, ohne Neid! Ich bin frei, ich bin frei!

Schwarzhaariger Zuhälter Gratulation! Hoch das Brautpaar!

Er klatscht; alle klatschen und schreien und gröhlen und geben den Schweinen Tritte.

Alle Hoch das Brautpaar ...

3

Es ist drei. Geschrei, Stimmen, Spektakel, Schweinegrunzen. Mamma Roma lacht mit sperrangelweit aufgerissenem Mund.

Blonder Zuhälter Du kommst mir vor wie 'n Rasensprenger. Was gibt es denn da zu lachen? Sag uns wenigstens, warum du so lachst, damit wir 's auch wissen! He!

Aber Mamma Roma sieht ihn nur an und lacht, kann überhaupt nicht mehr aufhören, bekommt die Augen nicht mehr auf.

Blonder Zuhälter Na gut, dein Herrn und Meister bist du jetzt los. Und fünf Jahre Sklaverei is ganz schön lang! Na schön, du schiebst jetzt das Geld selbst ein. *(Er macht eine Geste, als streiche er Geld ein.)* Du mußt nich mehr anschaffen für ihn *(er deutet auf Carmine)*, er hat dich amnestiert. Aber jetzt hör mit dem Lachen auf, sonst zerreißt es dich noch!

Und sie schüttet sich noch immer aus vor Lachen.

Blonder Zuhälter Lach ruhig! Aber sag halt, was so komisch is!

Mamma Roma steht unvermittelt auf und sagt lachend zu sich selbst:

Mamma Roma Kinder! Kinder sind was!

Sie steht auf und umarmt einen kleinen Jungen, der vor dem Brautpaar mit am Abendmahlstisch sitzt.

Aber der Kleine patscht ihr eine herunter.

Carmine Ja, Kleiner, hau sie nur! So geht man mit Frauen um!

Mamma Roma holt ihren Lippenstift heraus, um den kleinen Mann zu erobern, und malt sich lachend einen schönen Schnurrbart ins Gesicht. Der Kleine lacht.

Mamma Roma Hast du deine Mama lieb?

Der Kleine nickt ja, ja, ja.

Mamma Roma Ja? Hast du sie lieb, deine Mama?

Der Kleine macht ja, ja, ja.

Carmine (wie ein Bischof, ein Richter, geheimnisvoll) Ich segne dich im Namen des Vaters und des Sohnes und des Heiligen Geistes, Amen! Der Papst ist tot, es lebe der Papst!*

Mamma Roma packt den Kleinen unter den Achseln und schwenkt ihn mit sich in der Mitte des Zimmers im Kreis herum.

Mamma Roma Mein kleiner Loddel, mein kleiner Loddel!

Sie dreht sich mit ihm, als tanze sie: und schreit fröhlich, außer Rand und Band:

Mamma Roma Kinder! Kinder sind was! Dem Brautpaar alles Gute! Macht einen Haufen Kinder! Wie Jakob!

Im Drehen packt sie den Schleier der Braut, reißt ihn ihr vom Kopf und setzt ihn sich selber auf, während sie sich in der Mitte des großen Raumes unter dem Gelächter der ganzen Tischgesellschaft weiter im Kreis dreht.

Mamma Roma Alles Gute! Hoch das Brautpaar! Gott segne euch, euer ganzes Leben lang! Liebt euch, ich wünsch euch so viel Liebe, wie in meine Wohnung paßt!

Sie dreht sich wirbelnd im Kreis: Und wirbelnd dreht sich um sie

* Unübersetzbares Wortspiel: Pappa: Papst, auch: Zuhälter (Anm. d. Übers.).

die Tafelrunde vom Abendmahl. Bis sie sich mit dem Hintern auf den Boden setzt, den Brautkranz verrutscht über der Stirn, über dem falschen Schnurrbart, über dem lachenden Mund.

4

Alles ringsum sieht aus wie Mist. Mist das Bauernhaus aus aschgrauem Stein, Mist die ärmlichen Katen, die sich daran in Reih und Glied anschließen, Mist die steinigen Erdhänge, Mist die Mäuerchen zwischen einem Feld und dem anderen, Mist dort hinten die Silhouette von Guidonia und die Berge, die das triste Tal einschließen.

Mamma Roma kommt lachend näher.

Mamma Roma He, wo steckt mein Sohn?

Hinter einer Kuh – es ist Sonntag, ein gräßlich grauer, friedlicher, frostiger Sonntag unter einer versinkenden Sonne – Vater, Mutter, Töchter, Alte: arme, lächerliche, versteinerte Bauern.

Gioia Uh, die Frau Roma! Ettore is nich da, der is ins Dorf gegangen! Die Karusselle sind da! Machen Sie sich's bequem! Geh und hol 'n bißchen Wein! Die Frau Roma trinkt bestimmt 'nen kleinen Schluck, hab ich recht, Signora?

Mamma Roma Nein, nein, bloß kein Wein, Gioia! Ich bin seit 'ner Woche betrunken, die ganze Zeit hab ich an nichts andres gedacht, als daß ich jetzt den Kleinen hol!

Gioia Sie sollten mal sehn, wie er gewachsen is in der guten Luft hier! Stramm wie 'n Soldat is er geworden! Frißt wie 'n Scheunendrescher! Aber bleiben Sie doch und trinken Sie 'n kleinen Schluck, das tut Ihnen gut! Der Pfarrer holt sich jede Woche zwei Flaschen!

Aber Mamma Roma bleibt hart, sosehr die junge Bäuerin auch bittet, die mit ihren ein Meter achtzig Goethe ähnelt, und geht, den tragischen Hang entlang.

Mamma Roma Nein, nein, Gioia, verführ mich nich! Ich kann es nich mehr erwarten, ich muß mein Sohn sehn!

Alter Bauer Er läuft schon den Weibern nach, hörn Sie, er läuft schon den Weibern nach! Passen Sie gut auf ihn auf, Rom is gefährlich!

Die Bauernschar, die Zähne gebleckt in der Sonne, sieht Roma nach, die sich entfernt.

5

Mamma Roma kommt heran, vor ihr das trübe sonntägliche Licht, das ärmliche Hütten, Grundstücke, steinige Felder bescheint.

Sie blickt in die Ferne, voll sehnsüchtiger Erwartung.

Auf dem kleinen offenen Platz am Ende der Welt, in einem Licht, das beinahe unwirklich wirkt, so traurig ist es, vor den felsigen Mauern der alten Häuser, zwischen leblosen Sträuchern stehen verstreut die Kirmesbuden: ein Karussell, Schießbuden, und darum herum eine kleine Schar Kinder und Frauen.

Mamma Roma sieht sich um, ohne stehenzubleiben, und gelangt zum Karussell. Wie in einem plötzlichen Schwindelanfall sieht sie die Gestalt ihres Sohnes.

Da sitzt er allein auf einer Bank, niemand außer ihm im Karussell. Er ist nur einen Augenblick zu sehen, die Drehung trägt ihn vorbei, und er verschwindet wieder. Vor den Augen fliegen leere Bänke, Schiffe, Pferde vorbei; dann taucht er wieder auf, sitzt da, ganz allein.

So fliegt er immer wieder vor Romas Augen vorbei. Und nie ist er richtig zu sehen: Bald sieht man die Augen, dann wieder die im Schoß liegenden Hände, dann den ganzen braunen, unscheinbaren, gelenkigen Körper des Jungen.

Mamma Roma, auf wackeligen Beinen, halb betrunken, sieht ihn sich an.

Aber bei der vierten oder fünften Umdrehung sitzt Ettore nicht mehr auf seiner Bank. Er ist verschwunden. Das Karussell dreht sich, ist leer.

Das arme Gesicht Mamma Romas, bis zu diesem Augenblick ganz beseligt, verzieht sich zur Angstgrimasse eines kleinen Mädchens: als bedeute das Verschwinden Ettores aus dem Karussell, er verschwinde wieder aus ihrem Leben.
Sie umrundet das Karussell – das sich schwindelerregend weiterdreht –, läuft zwischen ein paar windschiefen Buden hindurch. Und schreit laut, aber verwirrt und verletzt, als rufe sie bei sich:

Mamma Roma Ettore! He, Ettore!

Nach ein paar Schritten sieht sie ihn, von hinten – seine schmalen, mageren, gelenkigen Schultern, wie schwarzhaarige Jungen sie haben –, wie er eilig davongeht, als wolle er die Schar seiner kleinen Freunde dort vorn einholen.
Mamma Roma folgt ihm: aber so, als wolle sie ihn neugierig beobachten, ohne von ihm gesehen zu werden – fast als observiere sie ihn.
Da bleibt Ettore stehen, bindet sich einen Schuh, sieht sich dabei mit einem Gesicht um, das zu gleichgültig ist, um nicht dumm zu wirken, und läßt einen kleinen Spritzer Speichel auf die steinige Straße fallen.
Dann greift er rasch, zack, in eine Auslage mit Süßigkeiten hinein und klaut einen Napoletano.
Dann geht er lustlos, ein geborener Faulpelz, weiter seines Wegs.
Das Gesicht von Mamma Roma leuchtet auf, durchtrieben und empört.

Mamma Roma Is das ein Hurensohn!

Und glücklich, betrunken, neugierig bleibt sie ihm auf den Fersen.
Nun fängt Ettore an zu rennen, aus einer Laune heraus, und holt seine Freunde ein, eine Schar Bauernjungen, alle in schwarzen Sonntagsanzügen: und ein paar von ihnen haben etwas von einem Teddy-Boy, mit ihren amerikanischen Hosen und einem Schopf auf dem Kopf wie ein Besen.
Auch Mamma Roma legt einen Gang zu, und dann bleibt sie stehen und sieht zu, wie die Herumtreiber aufeinandertreffen.

Ettore wirkt wütend. Heftig streitet er mit seinen Freundchen herum, die ihm, ebenfalls wütend, Paroli bieten, allerdings nicht so wütend wie er.
Mamma Roma geht langsam auf sie zu.
Ettore riecht nun am Atem all seiner Kumpel. Aufgereiht stehen sie mit offenen Mündern mitten auf der Straße. Und Ettore steckt nacheinander seine Nase in jeden dieser Münder. Entweder hat man ihm ein paar Bonbons geklaut oder ein paar Zigaretten.
Und kontrolliert den Mundgeruch dieser Hundesöhne, die ihn linken wollten.
Die Sache bleibt unklar, die Diskussion nimmt ihren Fortgang, und die Gruppe geht weiter.
Die Straße entfernt sich von der jämmerlichen Ansammlung von Häusern und verliert sich in das dunkle, dunstige weite Tal, das ausgedörrt unter der erschöpften Sonne liegt. Mamma Roma schreitet nun endgültig schneller aus und holt die Gruppe in der Nähe einer kleinen Brücke ein; sie führt über einen kleinen ausgetrockneten Bach, der sich dahinschlängelt zwischen diesen Feldern wie Schwämmen, schwarz von vertrockneten Distelchen und weiß von Kieseln.

Mamma Roma He, Ettore!

Ettore und die anderen Bauernjungen drehen sich um: alle ernst und ausdruckslos wie Tiere.

Mamma Roma Kommst du nich und gibst deiner Mama 'n Küßchen?

Aber Ettore bleibt stehen, bei all den anderen.
Das Gesicht von Mamma Roma verzieht sich, als wolle sie ihre Verlegenheit verbergen, in einem Anfall von Schmerz.

Mamma Roma Au, au! Verdammte Scheiße! Aua!

Und sie humpelt auf die kleine Brücke zu und setzt sich auf das verwitterte Mäuerchen: dort zieht sie sich einen Schuh aus.

Mamma Roma Mist, diese beschissene Straße mit all diesen Steinen! Ich hab ein Hühnerauge, das bringt mich noch um, verfluchte Sauerei!

Ettore und die anderen sehen sie an, stumm wie Zellen.

Mamma Roma Wo gehst du denn hin mit deinen Freunden?

Ettore zuckt unmerklich die Schultern.

Ettore Hierher!

Auf einen Schlag rennen die Kumpel auf und davon.

Das Häufchen verliert sich auf der verschwimmenden Straße, im Tal aus Mist.

Freunde Ciao, Ettore! Ciao!

Mamma Roma und Ettore bleiben allein auf der kleinen Brücke zurück.

Sie befühlt eine Weile schweigend den schmerzenden Fuß. Dann mustert sie ihren Sohn von oben bis unten und sagt beinahe brüsk:

Mamma Roma Wie du gewachsen bist, Ettore! Ich erkenn dich kaum wieder!

Ettore Na und, darf ich mich nich verändern?

Mamma Roma Wie? Sag mal, hab ich etwa einen Bauernlümmel zum Sohn? He! Gib anständig Antwort, wenn deine Mutter dich was fragt!

Ettore Was hab ich denn gesagt?

Mamma Roma Zum Glück hol ich dich jetzt ab und nehm dich mit nach Rom, und zwar sofort. Aus dir wär hier ja was Schönes geworden ...

Ettore hat ein feindseliges, neugieriges Leuchten in den Augen und eine heisere Stimme:

Ettore Was, du nimmst mich mit nach Rom? ... Und was soll ich in Rom?

Mamma Roma Blöd rumstehn, du Depp! Willst du vielleicht dein ganzes Leben lang hierbleiben, schwingst du wirklich so gern die Hacke?

Ettore (reckt den Hals) Nein ...

Mamma Roma Hast du wenigstens Lesen und Schreiben gelernt? Das Abschlußzeugnis für die Fünfte, hast du das gemacht?

Ettore Zt!

Mamma Roma Das fängt ja gut an!

Sie schweigt eine Weile und streichelt sich dabei müde den Fuß; dann hebt sie mit einem vergnügten Leuchten in den Augen wieder den Kopf.

Mamma Roma Sag mal, is es wahr, daß du schon den Weibern nachläufst?

Ettore versteckt seine Scham hinter einer finsteren Miene.

Ettore Ach geh!

Mamma Roma kichert, mit zurückgeworfenem Kopf, und hält sich auf dem dunklen Mäuerchen im Gleichgewicht. Ettore starrt die Mutter an und wiederholt hartnäckig:

Ettore Und was soll ich in Rom?

Mamma Roma hört auf zu kichern und wird wütend:

Mamma Roma Du Scheißer! Meinst du, ich hab dich in die Welt gesetzt, damit du ein Bauerndepp wirst? Was hast du eigentlich im Kopf? Ich hab für dich einiges geopfert, ist dir das klar? Ich hab dafür geblutet, daß ich dich endlich zu mir nehmen kann! Hast du das kapiert? Damit wir wie zwei Christenmenschen leben können, wir zwei zusammen! Seit sechzehn Jahren wart ich auf diesen Tag! Und das war nich einfach für mich, das kannst du mir glauben! Du weißt ja noch nich, wie gemein die Welt sein kann!

6

Das Licht des Sonntags lastet schwer auf Mamma Roma und Ettore, die nebeneinander die Straße unterhalb des Verano* entlanggehen, Richtung Casal Bertone. Ettore hat sein Köfferchen in der Hand.

Mamma Roma Das da drüben is unser Haus, siehst du 's?

Casal Bertone ragt gelblich in den Himmel wie die Città

* Ein großer Friedhof in Rom (Anm. d. Übers.).

di Dite.* In seiner Mitte führt ein riesiges Portal ins Innere.

Mamma Roma Das Fenster da oben, das dritte, wo die Sonne hinscheint! Wo die Unterhosen hängen!

Das kleine Fenster glitzert in der Sonne, inmitten tausend anderer, gleicher Fensterchen in den riesigen gelben Mauern.

Mamma Roma Schau, wir sind hier ja nur noch ein paar Tage! Du wirst Augen machen, in was für 'ne Wohnung du dann mit deiner Mutter ziehst! So ein hübsches Haus! Ein richtig vornehmes Haus, wo anständige Leute wohnen! Ein ganz anderes Viertel! Kein Vergleich!

Sie gelangen zu dem riesigen Portal, das ins Innere der Città führt, ein Jugendstilportal, ausgebleicht von Sonne und Regen. Dort gehen sie durch, verschwinden, zuerst im Schatten des Durchgangs, dann im gleißenden Licht jenseits des Tores.

7

Endlose, armselige Treppen mit tausend kleinen Türchen auf den Treppenabsätzen. Mamma Roma und Ettore steigen sie voll guten Willens hinauf.

Auf einem Treppenabsatz ist eine Gruppe von Jungen, ungefähr in Ettores Alter, in Hosen, in die sich der Staub schon eingefressen hat, die Hemden verlottert, am Kartenspielen.

Ironie und Gleichgültigkeit in den Augen, Langeweile und Sinnlichkeit.

Ettore sieht zu ihnen hin und versteckt dabei seine Scheu hinter völligem Desinteresse. Die Jungen nehmen ihn nicht einmal wahr und spielen weiter.

Mamma Roma bemerkt die versteckte Neugier von Ettore und sagt, während sie die letzte Treppe hochsteigt:

* Stadt in Dantes »Göttlicher Komödie«, Inferno, 8. Gesang, Vers 68 (Anm. d. Übers.).

Mamma Roma Die würden dir so passen, was? Das sind schöne Früchtchen! Aber solche Freunde findest du in dem neuen Haus, wo wir hinziehn, bestimmt nich! Da findest du nur Jungen, die studieren, die arbeiten gehn ... Das sind die richtigen Freunde für dich!

Sie öffnet eine kleine Tür, die tausendste in dem Gebäude, und geht hinein, und Ettore hinter ihr her.

8

Ein kleiner, finsterer Korridor, ein unordentliches Zimmer. Mamma Roma und ihr Sohn treten ein und bleiben mitten im Zimmer stehen. Sie sieht ihn eine Weile an und sagt schließlich ... ein bißchen ängstlich:

Mamma Roma Was is denn, hast du Wurzeln geschlagen? Das is deine Wohnung, hier kannst du tun, was du willst! Stell den Koffer hin!

Ettore stellt den Koffer in einen kleinen Winkel, bleibt wieder stehen und sieht eingeschüchtert hin zu seiner Mutter, die ihn ihrerseits ansieht und dann, in einem plötzlichen Stimmungsumschwung, losbricht:

Mamma Roma He, für was hältst du mich, für 'ne Hexe? Hör zu, ich hab mich noch nie aufgeführt wie der Elefant im Porzellanladen! Mich haben immer alle gemocht! Hast du Hunger?

Ettore (mit bäurischem Akzent; und er benutzt dazu noch einen Ausdruck aus der tiefsten Provinz) Nein ... i hab heut früh was gessen, ein ...

Und was er gegessen hat, bezeichnet er mit einem mysteriösen bäurischen Wort, für das der Bildungsstand eines Römers in keinem Fall ausgereicht hätte. Mamma Roma tut so, als werde sie wütend, und kneift die Augen zusammen.

Mamma Roma Was hast du gesagt? Was soll das heißen? Was is das für 'ne schmutzige Sprache? Du redest wie deine Mutter, verstanden, und nich wie diese Bauernbolzen in deinem Kuhdorf! Paß bloß auf, ich hau dir gleich eine runter!

Ettore, mit gesenktem Kopf, kann sich ein leichtes Lächeln nicht verkneifen.

Mamma Roma Kannst du wenigstens tanzen? Haben sie dir die Tarantella nich beigebracht, diese Dudelsackpfeifer?

Sie geht zum Plattenspieler und legt einen alten Tango auf. Während die Musik das ärmliche Zimmer durchflutet, sehen sich Mutter und Sohn an.

Mamma Roma (sanfter, beinahe wie ein Mädchen) Kannst du tanzen, sag?

Ettore 'n bißchen ... Cha-cha-cha!

Mamma Roma Iiiih! Komm her, jetzt lernst du Tango tanzen!

Sie nimmt den Sohn, der anfangs steif und schüchtern ist, bei der Hand und fängt an, ihm den Tango beizubringen.

Mamma Roma Paß auf das Hühnerauge auf, ja?

Ettore strengt sich unerwarteterweise an: ein wenig kann er schon, und ganz ernst und gesammelt beginnt er, sich von der Mutter mit einer gewissen Gewandtheit führen zu lassen.

Mamma Roma (in Gedanken verloren) Kennst du das Lied?

Ettore braucht ein bißchen Zeit für die Antwort, beschäftigt wie er ist, konzentriert auf den Tangoschritt.

Ettore (höflich, weil er sich aufs Tanzen konzentriert) Nein, das hab ich noch nie gehört!

Mamma Roma Und, gefällt es dir?

Ettore (hört der Musik eine Weile zu) Prima!

Mamma Roma Eh, das Lied da, wenn du wüßtest ... Rat mal, wer das immer gesungen hat ...

Ettore (denkt ein bißchen nach) Wer das immer gesungen hat! Mein Vater!

Mamma Roma sieht ihn mit gut verhülltem Staunen an, wie jemand, dem endlich ein Licht aufgegangen ist.

Mamma Roma Und wie kommst du darauf?

Ettore Hm ... das war doch wirklich nich schwer!

Mamma Roma Und ... stimmt's, daß du schon den Weibern nachläufst?

Ettore Ach was! Die laufen *mir* nach! Aber mir is das egal.

Mamma Roma lacht, auch sie geniert sich ein bißchen.

Sie tanzen eine Weile schweigend Tango, und ihre Schrittfolge ist nun schon ein bißchen komplizierter.

Mamma Roma Weil ich grad von deinem Vater red, weißt du, was ich heut nacht geträumt hab? Daß ich in Griechenland war, mitten in den ganzen Bergen ... zuerst war's nur lauter Schlamm ... Ah, ah! und dann geh ich rauf, rauf auf einen kleinen Berg, und da is alles voll Rosmarin, und ich hör, wie mich eine Stimme ruft: »He, Mamma Ro'! He Mamma Ro'! Komm her!« Es war die Stimme von deinem Vater, die mich gerufen hat ... Und ich, ich lauf und lauf, der Stimme von deinem Vater nach, und wie ich auf die andere Seite von dem Berg komm ... stell dir vor, wen ich da treff ...

Ettore Wen denn?

Mamma Roma Dich treff ich, dich ... Aber du warst 'n Polizist.

Ettore Und was hab ich mit dir gemacht?

Mamma Roma Ah, nichts! Du hast mich ins Gefängnis bringen wollen!

Ettore Und du?

Mamma Roma Ich bin abgehaun! Ich bin los und bin gerannt wie 'ne gesengte Sau ... *(sie lacht und lacht und sieht ihm dann in die Augen)* Hast mich einknasten wollen, hm? Du unglückseliger Sohn einer Nutte! Los, halt mich mal ... So ...

Sie nötigt ihn, eine komplizierte Tanzfigur alla Rudi* zu machen, aber sie verlieren das Gleichgewicht und fallen hin. Und sie liegen da und lachen und lachen, wie zwei Irre.

* Rudolfo Valentino (Anm. d. Übers.).

In diesem Augenblick klingelt es. Mamma Roma läßt es eine Weile läuten, dann steht sie, immer noch lachend, auf und geht hinaus in den kleinen Korridor.

Mamma Roma Mensch, hast du mich auf 'n Arsch gesetzt, verdammt noch mal!

Sie kommt zur Tür und öffnet sie. Auf dem Treppenabsatz, am Geländer, steht Carmine. Mamma Roma geht hinaus und lehnt die Tür hinter sich an.

9

Das Gesicht von Mamma Roma ist verwandelt, als wären inzwischen zwanzig Jahre verstrichen. Aber sie läßt sich nichts anmerken, tut gleichgültig, beinahe amüsiert.

Mamma Roma Noch nich mal 'ne Woche is es her, daß wir uns ade gesagt haben, und schon läßt du dich wieder blicken?

Die Augen und der dünne Schnurrbart von Carmine glänzen böse: Das Schicksal selbst scheint sie sich ausgedacht zu haben, so süß und fern sind sie, wie alle unabwendbaren Dinge. Dann beginnt er zu sprechen, mit antiker Überzeugungskraft, so als müßte er einer übertriebenen Reaktion Mamma Romas zuvorkommen.

Carmine Bleib ruhig, Ro', spiel nich verrückt ... Ich will bloß mit dir reden, denk dir nichts Falsches ...

Mamma Roma Mit mir reden? Na guuuut! Red, aber mach's kurz ...

Carmine Warum gehn wir nich rein?

Mamma Roma Mein Sohn is da.

Carmine Ah! Da bist du froh drüber, was? Denk mal, wie ich mich mit dir zusammengetan hab, da war ich ungefähr so alt wie er ...

Mamma Roma Na hör mal! Mein Sohn is 'n Engel!

Carmine ist plötzlich gerührt, und in seinen Augen stehen die Tränen der antiken Komödie.

Carmine 'n kleiner Junge war ich! Ich hab ja keiner Fliege was antun können! Meine Mutter hat mir immer gesagt, daß ich die beste Seele weit und breit war! Und dabei hab ich ihr immer bloß wehgetan!

Ein Junge, der unten auf der Treppe Karten spielt, hat das Gejammer von Carmine mitbekommen und macht sich darüber lustig; hinterfotzig singt er:

Junge Una furtiva lacrimaaaa!*

Mamma Roma wird fuchsteufelswild: Sie entlädt ihren Zorn, ihren Schmerz an ihm. Sie zieht sich einen Schuh aus und schleudert ihn, entstellt vor Wut, auf den Jungen.

Mamma Roma Paß auf, ich bring dich um, ich bring dich um ...

Weiter fällt ihr nichts ein; aber ihre unverhältnismäßige, unartikulierte Wut ist so offensichtlich, daß der Junge eingeschüchtert verstummt.

Carmine stehen immer noch die Tränen in den Augen.

Carmine Wie die Flitterwochen noch nich mal vorbei waren, haben schon die Sorgen angefangen ...

Mamma Roma Sag mir auf der Stelle, um was es geht, komm endlich zum Schluß!

Carmine Es is nichts, bloß 'ne Kleinigkeit ... aber für mich is es wichtig! Du weißt doch, daß meine Schwiegermutter gesagt hat, daß sie mich versorgt ... Ja, denkste! Aber ich hab jetzt drei Freunde getroffen, die sind auch von da unten ... drei Bauern ... und die haben mir vorgeschlagen, ich soll mich mit ihnen zusammentun ... Vieh kaufen ... Pferde ... 'n paar Kühe ... die sind erst seit kurzem im Geschäft ... die sind damit reich geworden ... Wir kaufen die Viecher für fast gar nichts ... schlachten sie schwarz ... und verkaufen dann das Fleisch nach Rom ...

* »Flüchtige Träne, die mir enteilt«, Arie des Nemorino aus der Oper »L'elisir d'amore« von Gaetano Donizetti (Anm. d. Übers.).

Mamma Roma Is ja schon gut, schon gut ... alles klar ... wieviel brauchst du ... du weißt, ich hab kein Geld ...

Carmine Zweihundert Riesen ...

Mamma Roma Und wo soll ich die herkriegen? Du weißt doch, daß ich alles, was ich hatte, für die Wohnung ausgegeben hab ...

Carmine sieht sie eine Weile schweigend an, mit seinen aufgeworfenen Lippen unter dem kleinen, schicksalhaften Schnurrbart:

Carmine Aaaaah, du machst wohl Witze? Aber dann hast du mich nich verstanden! Sag, muß ich dir erst erklären, wie man Kohle macht? Sag, hast du das vergessen?

Mamma Roma Hast du den Hals immer noch nich voll?

Carmine löst sich vom Geländer und beginnt, die Treppe hinunterzugehen; er spricht über die Schulter, fast sanft, verständnisvoll:

Carmine Aber das gibt's doch nich! Mit 'nem bißchen guten Willen hast du das in zehn Tagen aufgetrieben! Meinst du nich?

Er bückt sich, um den Schuh aufzuheben, den Mamma Roma nach dem Jungen geworfen hat, und steigt mit dem Schuh in der Hand wieder die Treppe zu Mamma Roma hoch, während der Junge von neuem verstohlen zu pfeifen beginnt.

Carmine reicht Mamma Roma den Schuh.

Carmine Also, ich rechne damit! In vierzehn Tagen komm ich zurück, und danach siehst du mich nie mehr, das schwör ich dir bei meiner Mutter!

Wortlos dreht sich Mamma Roma um und geht zurück in die Wohnung.

Sie geht stumm, in sich gekehrt, durch den kleinen Korridor. Aber dann gibt sie sich einen Ruck. Sie hört eine Stimme, die heiser, ein bißchen stockend trällert.

Einen Schritt weiter, und sie sieht Ettore mitten im Zimmer, wie er eine Melodie vor sich hin singt und dazu tanzt. Einen verhauenen, schüchternen, fröhlichen Cha-Cha-Cha. Zwei Schritte vor, eine plötzliche Drehung um die eigene Achse, ein Stoß mit dem Becken, der den Schoß nach vorn wirft, das Bein, das sich mit einem graziösen, schamlosen und frechen Ruck hebt.

So wiederholen sich diese drei, vier Bewegungen unverändert, unaufhörlich.

Mamma Roma bleibt eine Zeitlang stehen und sieht zu, wie ihr Sohn tanzt, ohne sie zu bemerken.

Dann tritt sie ins Zimmer und geht ans Fenster, erfüllt von wilder Trauer.

Ettore, ein bißchen verwundert über ihren Stimmungsumschwung, stellt sich neben sie.

Ein kurzes Schweigen, dann sagt Mamma Roma einsilbig:

Mamma Roma Wie häßlich es von hier aus is! Klar, wenn man direkt auf 'n Friedhof sieht!

Ettore tritt einen Schritt vor und sieht genauer hin.

Tatsächlich, hinter zwei, drei Güterhallen, hinter dem Eisenbahngelände mit seinem Mastenwald, erstreckt sich der Hügel des Verano mit seinen Zypressen und Kreuzen.

Mamma Roma Ich hab gedacht, wir könnten morgen umziehn ... Und jetzt müssen wir noch mal vierzehn Tage warten ...

Sie sieht noch angestrengter aus dem Fenster.

Dort unten liegt der Verano, stumm, finster, mitten im lärmenden, leuchtenden Leben.

Mamma Roma Na gut! Später lachen wir drüber!

Mamma Roma steht lachend von einer großen Marmorplatte auf, wo sie mit drei oder vier Kolleginnen gesessen hatte. Sie steht schlagartig auf und stürmt los, durch die große, nächtliche, feuchte, dröhnende Ausfallstraße.

Mamma Roma Macht's gut. Diesmal sag ich euch für immer ade! Ah, ah! Ich hau ab! Ich beneid euch nich! Ich überlaß euch das Schlachtfeld! Den letzten beißen die Hunde!

Eine Kleine mit einem Wuschelkopf stürzt ihr hoffnungsvoll nach.

Vienna He, he, warum haust du so sang- und klanglos ab? Bereust du's denn gar kein bißchen? Trink doch noch 'n kleinen Schluck! Ich geb einen aus!

Mamma Roma Mach's gut, Vienna! Du warst die Anständigste von der ganzen Bande! Ich wünsch dir ehrlich alles Gute!

Beide gehen schnell: Mamma Roma wie ein Windstoß aus dem Norden und die andere hinterher wie ein kleines Hündchen. Vienna zieht ein Fläschchen Kognak aus ihrer Handtasche und reicht es der Kollegin.

Vienna Komm, trink!

Mamma Roma nimmt im Gehen einen langen, langen Schluck und reicht dann die Flasche Vienna zurück.

Mamma Roma Auf deine Gesundheit! Die hast du wirklich nötig, bei all den Krankheiten, die im Umlauf sind ... Ah, ah!

Vienna Halt bloß das Maul. Gott erlöse mich von dem Übel, amen!

Mamma Roma Mach's gut, Vienna, mach's gut!

Vienna bleibt stehen, während Mamma Roma stürmisch weitergeht.

Vienna Mach' s gut, Mamma Roma!

Mamma Roma Addio, mach' s gut!

Vienna Addio!

Man vernimmt eine jubilierende Stimme.

Junger Feuerwehrmann Ade ihr Ruhmesträäume! Adee ihr Wolkenschlöhösser!*

Der Sänger ist ein kräftiger, untersetzter junger Feuerwehrmann; er hat die Hände in den Taschen und eine Schiffchenmütze auf der Nase.

Mamma Roma überholt ihn, während er jubilierend weitersingt.

Mamma Roma Wo gehst denn du hin?

Junger Feuerwehrmann Ein bißchen Luft schnappen!

Und er schließt auf.

Mamma Roma Ich geh nich mehr auf 'n Strich!

Junger Feuerwehrmann Ist auch langsam Zeit geworden!

Mamma Roma Ah, ah! Du hast so was Vertrauenerweckendes! Weißt du, daß in all den Jahren, die ich jetzt da war, niemand gewußt hat, wer ich bin?

Junger Feuerwehrmann Wer fröhlich ist, der singt auch gern!

Mamma Roma (*begeistert*) Gegenüber von unserm Haus hat ein alter Mann gewohnt, ein reicher Sack, der hat gar nich mehr gewußt, was er mit seinem Geld anfangen soll ... Angezogen war der, ganz alla Robespierre, Schnurrbart, Stock, mir is er vorgekommen wie Graf Koks von der Gasanstalt ... Weißt du, wie der seine Millionen gemacht hat? ... In der Faschistenzeit, weißt du, da hat Mussolini zu ihm gesagt: »Bau mir ein Stadtviertel fürs Volk!«, das war dann Pietrarancio! Und der Typ stellt das erste Haus hin, ganz toll, phantastische Mauern, und mit Klos, also in den Klos, da hast du kochen können, so toll warn die gebaut ... Mussolini sieht sich das an und sagt: »Bravo, genauso hab ich mir das vorgestellt!« Und wie dann der Duce weg war, hat dieser Hurensohn bloß die Klos gebaut, und die Häuser hat er weggelassen! Ha, ha!

* Italienischer Schlager der dreißiger Jahre (Anm. d. Übers.).

Vor Mamma Roma und dem jungen Feuerwehrmann taucht ein zweiter kleiner Kerl in Uniform auf, auch er kräftig und untersetzt, die Hände in den Taschen, die Schiffchenmütze auf der Nase – und der Feuerwehrmann überläßt ihm seinen Platz und geht auf eine Frau zu, die unter einer Laterne steht.

Mamma Roma Jetzt heißt das Viertel Cessonia!* Ha, ha! Das Ganze is 'ne endlose Ansammlung von Scheißhäusern!

Junger Feuerwehrmann Ich übergeb dir die Stafette.

Der junge Luftwaffensoldat übernimmt und geht nun neben Mamma Roma her, die ihre Geschichte weitererzählt, als sei nichts geschehen.

Mamma Roma Du hättest sehen sollen, wie häßlich der Alte war! Er hatte sich in Afrika irgendeine Krankheit geholt, und deswegen hatte er lauter Löcher im Gesicht ... Asthma hat er gehabt, Rheumatismus, Herzbeschwerden, Kolitis ... der hat gestunken, da bist du umgefallen ...

Der junge Luftwaffensoldat War er wenigstens ein Christ?

Mamma Roma Er war fünfundsechzig und ich vierzehn. Ich hab in der Kluft der faschistischen Jugend geheiratet! Ha, ha!

Der junge Luftwaffensoldat Und die haben dich nich rausgeschmissen?

Mamma Roma Verreck, war der alt! Ausgesehn hat er, als wär er übermorgen tot, der Schaum is ihm vorm Mund gestanden, und ich hab immer gesagt: »Gleich stirbt er, gleich stirbt er!«

Rufe, spitze Schreie, ein einziges Getue: Eine Gruppe von zwei, drei kleinen Tunten versammelt sich, euphorisch, entfesselt. Einer läuft hinter dem Luftwaffensoldaten her und streicht sich mit einer Hand über die gelichteten Haare; die anderen rennen Mamma Roma nach und nehmen sie ins Gebet.

Dünne kleine Tunte He, Mamma Ro', Mamma Ro', wer stirbt gleich?

* Cesso: Abort (Anm. d. Übers.).

Mamma Roma Der Alte, den ich hab heiraten sollen!

Dünne kleine Tunte Uuuuh, das is ja ein Skandal! Du hast einen alten Mann heiraten sollen?

Mamma Roma Ja, und am Schluß hab ich ihn auch geheiratet, er is mein Mann!

Schwarzhaarige kleine Tunte (trippelnd, um besser mit Mamma Roma Schritt halten zu können, glühend vor Mitgefühl und Empörung) Und du hast dich nich gewehrt? Mh, das hätt ich nich mit mir machen lassen! Verdammt ...

Mamma Roma Du wärst schlauer gewesen, stimmts? Dich hätt ich sehn wollen an meiner Stelle! Aber eigentlich hatte meine Mutter gar nich so Unrecht!

Dünne kleine Tunte (zuckt mit den Schultern und hebt die Ärmchen zum Himmel) So 'ne Rabenmutter!

Mamma Roma Das sagst *du*! Aber sie hat immer zu mir gesagt, das is 'n Millionär, der schwimmt im Geld, jetzt is er siebzig, der stirbt dir unter den Händen weg! Was, hast du etwa was dagegen, daß du dein Leben lang die feine Dame spielen kannst! Später suchst du dir dann einen ... Ha, ha!

Schwarzhaarige kleine Tunte Hm ... Und da bist du mit dem Alten mit! Ein Skandal is das! Wahrscheinlich war er auch noch ein Sadist!

Mamma Roma Ha, ha! Und wißt ihr was? Mein Vater is tot, meine Mutter is tot, und er lebt immer noch!

Die Tunten stimmen alle in ihr Lachen ein, zutiefst verlogen: schließlich bleibt einem nichts anderes übrig als das Lachen, Lachen ist die einzige Rettung.

Mamma Roma Und deshalb hab ich angefangen, auf 'n Strich zu gehn!

Dünner kleiner Schwuler Das Leeeben, cha-cha-cha ...

Und singend tanzt er den »Cha-cha-cha della vita«. Die anderen Tunten flitzen davon und drängen sich um einen schwarzen Vierzehnhunderter voller Neger.

Mamma Roma nimmt sich die dünne Tunte mit dem mitleiderregenden Gesicht eines verhungerten Angestellten zum Vorbild und ſängt an, einen Cha-Cha-Cha zu tanzen, wie sie Ettore ihn hat tanzen sehen.

Unter einer Straßenlaterne steht eine zweite Schar von Kolleginnen Mamma Romas.

Mamma Roma Macht's gut! Ich hau ab! Ich hab genug verdient, für jetzt und für alle Ewigkeit! Ich sag euch für immer ade!

Auf ihr Geschrei hin drehen sich die Schwarzen und die Tunten in einiger Entfernung um.

Schwarze kleine Tunte Mensch, Mamma Roma, laß dir einen Einlauf machen! In deinem Alter tanzt du Cha-Cha-Cha? Siehst du nich, du erregst öffentliches Ärgernis, meine Liebe!

Aber Mamma Roma tanzt weiter und entfernt sich dabei. Sie dreht sich kaum um.

Mamma Roma Öffentliches Ärgernis? Wer ärgert sich hier?

Schwarze kleine Tunte Is dir das nich klar? Die Spießer!

Mamma Roma dreht sich schlagartig um und gibt ein obszönes Geräusch von sich.

Mamma Roma Die Spießer, die können mich alle!

Und sie lacht und lacht.

12

Im sonntäglichen Frost, im Chaos der Mietskasernen, im Hintergrund einer riesigen, gipsweißen Piazza, erhebt sich die Kirche des Viertels, aus dem zwanzigsten Jahrhundert.

Beim Dröhnen der schnaufenden Orgel hören die Spießer aus dem Neubauviertel die Messe, sparsam in der Kirche verteilt. Mittendrin stehen Mamma Roma und ihr Sohn mit dem Meßbuch in der Hand.
Mamma Roma liest die Gebete und wirft dabei bestätigende und aufmunternde Blicke in die Runde.
Dort, nah an einer Säule, steht ein kahler Typ mit Brille, im schicken grauen Anzug, zwei kleine, bescheuerte Kinder am Rockzipfel.
Dort steht eine elegante, schwarzgekleidete Dame mit ihrer ebenso eleganten alten Mutter.
Und dort stehen ein paar Internatstöchter, häßlich und fromm, und eigentlich doch ganz nett in ihrer andächtigen Hingabe ...
Zufrieden mit der Welt um sich herum heftet Mamma Roma den Blick auf ihren Sohn, der ganz zu dieser Welt gehört: in seinem blauen Sonntagsstaat, den Schopf schön gekämmt, das Meßbuch in der Hand, die Augen auf den Gebetstext gesenkt.
Das Gesicht von Mamma Roma ist glücklich. Die Messe geht zu Ende, die letzten Orgelakkorde, die Leute schlagen ein letztes Mal das Kreuz und entschwinden beschwingt, wie Leute, die ihre Pflicht getan haben und davon ganz entzückt sind, in Richtung Portal.
Mamma Roma und Ettore gehen hinter den Internatstöchtern her.

Mamma Roma (mit einem zuerst boshaften, dann liebevollen Lächeln) Eine von denen da heiratest du! Dafür sorg ich! Die sind so, wie es sich gehört! Eine von denen da kriegst du!

Ettore schüttelt wild und drollig den Kopf: Ohne mich, soll das heißen.
Mamma Roma platzt los, bricht in ein Hurenlachen aus und hält sich an ihrem Sohn fest, hängt fast an seinem Arm.

Mutter und Sohn gehen nebeneinander die Straße entlang, die zu ihrer neuen Wohnung in Cecafumo führt.
Ringsum erstrahlt der Sonntag in seinem ganzen Glanz: Die großen Häuserblocks von Cecafumo, mit ihren Mauern, ihren Dächern, ihren Mansarden, auf die die Sonne scheint, dehnen sich ringsum aus wie ungeheure Kulissen.
Häuserblocks und Sonne, Sonne und Häuserblocks.
Mamma Roma blickt hoch, die Sonne im Gesicht, mit lachenden Augen.

Mamma Roma Schön, unsre neue Wohnung, stimmts? Was hat dir deine Mutter gesagt!

Die neue Wohnung ist nicht viel anders als die alte: nur daß sie nicht in der Anonymität einer großen Mietskaserne aus der Jahrhundertwende untergeht, sondern in der einer großen treberfarbenen, niegelnagelneuen Mietskaserne aus dem zwanzigsten Jahrhundert, mit vielen Mansardenwohnungen, und daß sich immerhin eine frische grüne Wiese vor dem Haus erstreckt.
Wie sie vorher durch das riesige Portal von Casal Bertone gegangen sind, gehen sie nun durch das blitzende Portal von Cecafumo; sie kommen in den Hof und gehen auf einen der unzähligen Eingänge zu.
Hier, im kleinen Garten im Schatten des Hauses, spielen ein paar Jungen. Es sind Carlo, Augusto, Tonino, Pasquale. Und wie Mutter und Sohn vorbeigehen, säuselt Carletto:

Carletto Kommst du nachher zu uns runter, Ettore? Darf er, Signora?

Mamma Roma Ja, ja, gleich. Aber daß ihr mir keinen Unfug treibt!

Mamma Roma schubst, als wäre das eine Art mysteriöser Ritus, den halb finsteren, halb fügsamen Sohn durch die Haustür, zum Fuß der Treppe. Dort zieht sie in einer Art Ekstase zweitausend Lire aus der Tasche.

Mamma Roma Nimm schon, du Loddel! Aber paß gefälligst auf, wie du sie ausgibst! Laß sie dir nich von deinen Freunden aus der Tasche ziehn! Denk dran, wer zahlt, is immer der Depp ... verschaff dir Respekt ... Du mußt ihnen über sein, laß dich nich einschüchtern, bloß weil sie die Söhne von Angestellten sind und von feinen Leuten ... Die sind auch nichts Besseres wie du! Geld im Sack hast du, damit kannst du schalten und walten, wie du willst, jetzt kannst du den großen Macker spielen!

Ihre Augen, ihr Gesicht, ihre Haare: über alldem liegt strahlend ihr kleinbürgerlicher Traum von der wohlanständigen Zukunft ihres Sohnes.

15

Rosa, gelb, wie aus Blech, wie aus Zucker dehnen sich, schräg zur Straße, strahlenförmig, im Zickzack, die endlosen Reihen der neuen Mietskasernen aus. Senkrecht und waagrecht versinken sie im sommerlichen, sonnengrellen Horizont, der von Wolken wimmelt.

Mitten zwischen den Häusern erstreckt sich eine Wiese, groß wie ein Meer, voller rosafarbener, gelber, blauer Blümchen, und an den fernen Rändern der Wiese, wie auf der anderen Seite eines Hafens, schwimmen andere Häuser in absurderen Formen, mit zierlicheren Konturen.

Und in der Mitte der Wiese stehen alte, braune, verwitterte Ruinen auf einer Anhöhe. Vor dem Hintergrund eines mit ärmlichen Häuschen und elenden Hütten überkrusteten Aquädukts ragen diese überlebten Formen empor: ein Bogen wie aus einem Traum, ein Gewölbe, von dem nur noch eine Andeutung da ist, die Idee einer Arkade ...

Ettore und seine Freunde bewegen sich in dieser Landschaft, sonntäglich faul und träge, vorwärts.

Ohne Eile gehen die Jungen auf die Mitte der Wiese zu, wo

neben einer etwas abseits gelegenen, verfallenen Mauer eine junge, ungefähr dreiundzwanzig, vierundzwanzig Jahre alte Frau steht, mit einem Kind im Arm.
Da und dort stehen andere Mädchen in Grüppchen herum.

Carlo Schau, Ettore! Das is Bruna!

Mit dem Kinn deutet er auf das Mädchen neben der Mauer, ein zerzaustes, bleiches, schwarzhaariges Ding: Sie ist schön, hat aber etwas Verrücktes an sich und wirkt so wehrlos wie ein Wurm, in ihrem dünnen Strickjäckchen.
Ettore wirft ihr einen seiner geheuchelt gleichgültigen Blicke zu und sagt dann scheinbar desinteressiert:

Ettore Warum sagst du mir, daß das Bruna is?

Carlo Die hat es in sich. Die kennt man sogar in Japan. Frag mal die andern, was die von ihr wissen!

In den Augen aller sitzt ein boshaftes Lächeln.
Tonino, der Kleinste, schiebt sich mit den Händen in den Taschen in den Vordergrund.

Tonino Zu der geht ganz Cecafumo! Sogar die Straßenkehrer! Aber sie is nich schlecht, die hat dir ein Paar Schenkel!

Das Lachen in den zusammengekniffenen Augen der Heranwachsenden wird noch boshafter.

Carlo Wir gehn jetzt zu ihr hin mit dir! Kommt!

Sie beschleunigen ihre Schritte, bis sie bei der jungen Frau sind.
Sie umringen sie freundschaftlich, wie Halbstarke.

Carlo Ciao, Bruna! Was machst du da?

Bruna Ach, ich hab bloß das Kleine ein bißchen an die frische Luft gebracht.

Sie nimmt den Säugling und hebt ihn hoch.

Bruna Is das nich ’n Prachtkerl!

Alle betrachten sie das Kind ironisch, mit durchtriebener Miene: Aber Bruna faßt seelenruhig, unschuldig und provozierend – ihr Kleines vergißt sie – einen Anhänger ins Auge, der am Gürtel von Pasqualino baumelt.

Bruna Ooooh, is das toll! Was is das? Laß mich mal sehn, laß mich sehn!

Sie bückt sich und will den Anhänger am Gürtel von Pasqualino anfassen und ansehen.

Pasquale Berühren verboten, Lebensgefahr!

Bruna sieht, daß es sich tatsächlich um einen Totenkopf handelt.

Bruna Uuuuuh, das is ja wirklich 'n Totenkopf! Is der scheußlich! Schenkst du ihn mir, Pasquale?

Pasquale Den soll ich dir schenken! Du hast ja nich alle!

Bruna versucht, ihm den Anhänger, der fast über dem Schoß baumelt, vom Gürtel zu reißen. Aber Pasqualino lacht und protestiert und wehrt sich und packt sie am Handgelenk.

Bruna Bist du ein Ekel, Pasquà ...

Carlo He, Brunaaa ... Darf ich dir 'nen Freund von mir vorstellen?

Alle blicken auf Ettore, der bis jetzt gelacht hat wie alle anderen und nun plötzlich finster wird und schweigt.

Bruna tritt auf ihn zu und gibt ihm die Hand.

Ettore Ettore, freut mich.

Bruna Freut mich.

Tonino Der ist in Ordnung! Wie wir! *(dann unvermutet)* Er hat mir gesagt, daß du ihm gefällst!

Ettore (wie aus der Pistole geschossen, weil er sich geniert, obwohl es ihn gleich darauf reut) Stimmt gar nich!

Bruna Seit wann wohnt er denn hier? Ich hab ihn noch nie gesehn!

Ettore Seit ein paar Tagen.

Bruna Und wo haben Sie vorher gewohnt?

Ettore In Guidonia.

Pasquale Weißt du, wer seine Mutter is? Die Dunkle mit den langen Haaren, die auf dem Markt den Stand neben dir aufgemacht hat! Wie heißt sie gleich wieder?

Bruna Signora Roma! Ja, richtig, Ihre Mutter kenn ich ... eine schöne Frau! Arbeiten Sie denn bei Ihrer Mutter?

Ettore Tz!

Augusto, ein stiller, ein bißchen scheuer Blonder, starrt inzwischen angestrengt auf einen Punkt unterhalb der hoch aufragenden Wohnblöcke. Und sagt mit gedämpfter Stimme zu Carletto:

Augusto Siehst du, wer da is, dahinten?

Es sind halbwüchsige Mädchen in ihrem Alter, die stolz ihren Sonntagsstaat spazierenführen.

Carletto Los, gehn wir! Da sind Maria und Assunta und ihre Freundinnen!

Er rennt los, ohne sich auch nur umzudrehen; auch die anderen laufen los, ohne sich umzudrehen. Ettore folgt ihnen – wie ein Böcklein der Herde. Aber er wirft Bruna, die mit ihrem Kleinen allein zurückbleibt, einen schüchternen, ausdruckslosen, beinahe entschuldigenden Blick zu. Der Trupp holt die Mädchen vor einer Mietskaserne ein, aber die Mädchen verschwinden gerade durch eine Tür.

Carlo He, Assunta, wo geht ihr hin?

Auf diesen Ruf hin dreht sich Assunta unter der Tür kurz um, verächtlich beinahe, provozierend.

Assunta Zum Tanzen!

Und so verschwinden die Mädchen mit ihren zarten Röckchen alle in der Tür.

Die Jungen bleiben abgeschmettert zurück, vor dem Hintergrund der Wiese, im weißen, hallenden Raum des Sonntags.

Carlo Verdammt! Das war 'ne Fata Morgana ...

Da stehen sie seufzend, abgeschmettert, wie kleine Jungen, vor dem Hintergrund der Ina-Case. *

Nichts. Es ist nichts geschehen. Carletto & Co. kennen das Leben aus dem Effeff. Sie wissen bereits, was auf sie zukommt. Sie wissen es nur zu genau. In Carlettos kleiner, gelber Birne steckt schon der Glatzkopf, den er als Postangestellter in zehn Jahren haben wird; und Toninos etwas zahnloser Mund wird

* Häuser, die dem Istituto Nazionale Assicurazioni gehören (Anm. d. Übers.).

dann zwischen gelblichen, schlaffen Backen zum Gesicht des Zuhälters Tonino gehören, der eine Giulietta mit Posaunenhupe fährt. Irgendwann hat ihn ein Fluch getroffen. Diese Jungenclique aus Cecafumo hat bereits gründlich ihre Erfahrung mit dem Leben gemacht, sie weiß, daß es grau und trist ist, und ihre Reaktion darauf steht schon fest. Sie sind so, wie Mamma Roma es will und ersehnt. Die Trauer dieser Jungen ist ohne Poesie. Ihre Trauer ist gespielt, weil sie wissen, daß man den Dingen niemals trauen darf: Aber ihr Mißtrauen ist nicht unbeschwert wie das der Söhne von Dieben, Huren oder einfachen Arbeitern. Der Vater ist Amtsdiener, das reicht; schon hat sich der Kampf ums Leben in eine unbedeutende, prosaische Sache verwandelt, schon läßt sich aus einem sanften, glatten Jungengesicht die Zukunft ablesen: Nächte im Zug, in Wartesälen, Nachmittage, die man zubringt in Vorzimmern der Macht, in dunklen Werkstätten, in Hinterzimmern, in kleinen Hotels zweiter Klasse – also überall dort, wo winzige Privilegien darüber entscheiden, ob man dick wird oder abmagert, als normaler Christenmensch, kaum ist man erwachsen, als Mitglied jener sozialen Klasse, der man nun auch in Rom schon den Namen Bourgeoisie gibt. Nichts ist geschehen.

Pasquale Wieviel hast du dabei, Carlè?

Carlo Ich? Nich eine Lira!

Tonino (zieht das Futter aus seinen Hosentaschen) Ich bin völlig blank!

Pasquale Hätten wir ein bißchen Kohle, dann könnten wir wenigstens ins Varieté, Schenkel angucken!

Carletto Ich weiß was, wir schauen uns den Strich in Caracalla an! Los, da gibts was zu lachen!

Pasquale Ja, gehn wir, gehn wir!

Und sie brechen hoffnungsvoll auf.

Sie gehen eine große Straße entlang, die kleinen Kumpane, in der nichts zu sehen ist, nur die Sonne, irgendeiner Ringbahn und traurige, schwarzgekleidete Personen, die Krankenbesuche machen. Toninos Gang ist beschwingt, Tonino ist voll schöner Erwartungen, die sich auf das zweifelhafte Ziel ihres Ausflugs richten.

Tonino Au, ob die Dings da is, die Negra? Ich bin ihr sympathisch, sie schenkt mir immer Zigaretten!

Pasquale Du, Ettore, bist du noch nie mit einer mit?

Ettore, der lebhaft in der Mitte der kleinen Gruppe ausschreitet, wirkt nun plötzlich auch ein bißchen durchtrieben.

Ettore Klar bin ich schon mal mit einer mit! Nach Guidonia is immer eine gekommen ... da is alles voll von Soldaten ...

Ein Pfeifen ist zu hören, jemand pfeift ihnen, sehr laut, durch die Finger: Es kommt vom Empfangsgebäude eines Krankenhauses her. Neben der Pforte steht ein ungefähr siebzehn Jahre alter rothaariger Kerl, zusammen mit einem Gleichaltrigen, einem schwarzhaarigen Burschen mit vorstehender Stirn und mit den großen Augen eines Angestellten.

Sowie sie den Pfiff hören und die beiden sehen, bleiben unsere Freunde stehen, und Carletto sagt:

Carletto Santa Barbara und Saetta!* Was macht *ihr* denn da?

Der Rothaarige kommt ein paar Schritte heran, gefolgt von Saetta. Er mustert die Gesellschaft mit einem durchbohrenden Blick, der an Ettore hängenbleibt.

Rothaariger Hör zu ... Ich kann doch offen reden, oder?

Carletto wendet sich mit einem Blick grenzenloser Vertrautheit an Ettore.

Carletto Wart mal fünf Minuten, Ettore, geh ein Stück da rüber, wir müssen kurz was klären.

* Santa Barbara: Munitionsdepot in Schiffen; Saetta: Blitz (Anm. d. Übers.).

Ettore, derart gedemütigt, gibt sich völlig lässig; nicht ein Schatten zieht über sein Gesicht. Er entfernt sich, lehnt sich an eine Mauer und wartet mit gleichgültiger Geduld.
Der Rothaarige nimmt Carletto unter den Arm und fixiert beim Sprechen die anderen Kumpel mit kleinen Triefaugen.

Rothaariger Macht ihr mit bei 'ner kleinen Sache ... da drin ... im Krankenhaus ... Jetzt is Besuchszeit, die Verwandten gehn jetzt ihre Kranken besuchen ... Wir gehn einfach mit rein und tun so, als ob wir jemand besuchen wollen ... Wenn wir erst mal drin sind, nehmen wir uns sofort einen vor ... Da sind viele, die besucht kein Mensch ... Die sind total allein. Viele sind schwerkrank, die können sich nich mal mehr bewegen, die liegen da wie die Idioten ... Und wißt ihr, im Bett, beim Schlafen haben die ihre Uhr oder ihren Schmuck natürlich nich an ... Wir tun wie auf Besuch und gehn ans Nachtkästchen und klauen das Zeug ... Macht ihr mit?

Carletto und die anderen sind rot angelaufen; sie sehen sich in die Augen und suchen nach einer raschen Entscheidung. Der Rothaarige stößt gutgelaunt nach.

Rothaariger Aber man muß aufpassen ... Da is immer einer, den keiner besucht, der legt sich hin, damit man nich merkt, daß er keinen Menschen hat, und tut so, als ob er schläft. Aber wir sind ja nich blind! Also, macht ihr mit?

Pasquale Probieren wirs, Carlè?

Stürmisch, rasch sagt Carletto mit sanfter Stimme:

Carletto Kommt, los! Wir sind total abgebrannt, wir haben keine Lira, gehn wir!

Er setzt sich in Bewegung, an der Seite des Rothaarigen, und alle hinterher. Im letzten Moment fällt ihnen Ettore ein. Und Carletto sagt:

Carletto Wir sehn uns heut abend, Ettore, ciao! Wir haben was zu tun!

Ettore betrachtet sie ein bißchen verwirrt, enthält sich aber innerlich jeder Kritik. Er bleibt allein an der Mauer zurück, wie ein Füsilierter.

Die anderen verschwinden als Haufen im dunklen Garten des Krankenhauses.

17

Ettore geht einsam und allein, mit ernster Miene, durch die Straßen von Cecafumo, an der großen Wiese mit den Ruinen entlang.
Er betrachtet ernst die Wiese, als suche er etwas – und tut dabei so, als suche er nichts, und vor allem, als habe er es nicht eilig.
Er sieht – an der Ecke einer der verzauberten Straßen von Cecafumo, die all ihre Winkel ganz und gar der Sonne öffnen – einen Stand mit Süßigkeiten. Er geht darauf zu, blickt seelenruhig, ernst drein.

Ettore Signora, was kostet der?

Er deutet mit dem Kinn auf einen der Anhänger, die an den Seiten des Standes baumeln.

Alte Verkäuferin Zweihundert Lire.

Ettore zieht das Geld heraus, und während die Alte ihm herausgibt, nimmt er den Anhänger ab und betrachtet ihn genau, wobei er ihn gegen das violett schimmernde Panorama von Cecafumo hält.
Dann geht er weiter, ohne Eile, wie zuvor.
Er geht bis zur Mitte der Wiese, steigt auf die Anhöhe und schaut, sucht zwischen den Ruinen, sucht peinlich genau die Umgebung ab, bis hin zu den weit entfernten Rändern der Wiese, die aussieht, als sei sie mit Blumen gepflastert.
Die, die er sucht – Bruna –, ist nicht da, sie ist nirgends zu finden.
Nun streckt sich Ettore auf dem Boden aus, zwischen den dichten harten Blümchen, streckt die Beine aus, spreizt sie, gähnt, sieht sich um.
Um ihn herum dehnt sich grenzenlos die Wiese aus, mit ihrer braunen Umrahmung, und der Himmel versinkt strahlend zwischen Wolkenbarrieren.

Ettore pfeift leise, zerstreut und melancholisch.
Eine Stimme, fröhlich und ein bißchen dümmlich, rüttelt ihn auf.

Bruna Was machst du denn hier?

Ettore setzt sich auf und betrachtet sie erstaunt, aber er verhehlt seine Freude und findet keine Worte.
Sanft und mit dümmlicher Miene setzt sich Bruna neben ihn.

Bruna Ich hab dich vom Fenster aus gesehn, von meiner Wohnung ... Da, da is das Fenster von meiner Wohnung ...

Sie zeigt auf eines der abertausend Fenster, die die Horizonte tüpfeln.

Bruna Ich hab das Baby raufgebracht ... Es war mir im Arm eingeschlafen ... Und was hast du gemacht?

Ettore Rumgelaufen.

Sie schweigen eine Weile. Bruna beginnt leise zu lachen, mit zurückgeworfenem Kopf und vorgerecktem Hals, mit offenem Mund. Sie lacht, um ihre leichte Verlegenheit zu überspielen, einfältig, wie sie ist.

Ettore Leben dein Vater und deine Mutter noch?

Bruna sieht ihn an und lacht noch mehr.

Bruna Ja, warum?

Ettore blickt schweigend zu Boden. Bruna hört auf zu lachen und beginnt vor sich hin zu trällern.
Ettore fängt an, in seinen Hosentaschen herumzuwühlen, und zieht den Anhänger heraus.

Ettore Na, Bru', gefällt er dir?

Bruna Oh, is der schön! Schenkst du ihn mir?

Ettore gibt ihr ihn stumm; sie nimmt ihn und betrachtet ihn befriedigt.

Ettore Wo ich ihn grade in der Tasche hab ... Was soll ich damit ... Ich hab ihn gefunden ...

Bruna Der is schöner als der mit dem Totenkopf, was? Der Tod is was Häßliches, brrr! Hast du Angst vorm Tod, E'?

Ettore Ich, nein. Ich wär beinah gestorben, wie ich klein war. Ich hab 'ne Lungenentzündung gehabt. Ich hab nich mal gewußt, daß ich gleich sterb.

Bruna wirft den Anhänger in die Luft, klatscht und fängt ihn in den hohlen Händen wieder auf, zwei-, dreimal, wie ein Kind, das mit einem Steinchen spielt. Ettore betrachtet sie ernst.

Ettore Morgen schenk ich dir noch was Schönes ... Was kostet ein Goldkettchen, Bru'?

Bruna spielt weiter, mit vorgerecktem Hals, wirft den Anhänger in die Luft.

Bruna Da gibts schon welche, die kosten bloß drei-, viertausend Lire ...

Ettore Morgen bring ich dir eine mit.

Dann, nach einer kurzen Pause, sagt er, als habe er ein Recht erworben:

Ettore Gehn wir ein bißchen spazieren, Bru'?

Bruna lacht ihr gewohntes, einfaches, verlegenes Lachen und geht auf den einsameren Teil der Wiese zu, wo das antike Aquädukt hoch in den Himmel ragt. Und lachend dreht sie sich um und sieht Ettore an, der hinter ihr hergeht.

18

Ettore und Bruna haben sich viel Zeit gelassen und kommen nun bei den Bögen des Aquädukts an eine Wiese, die vor Gras und Korn nur so strotzt.

Ein Blitzen aus Gold und Grün, alle Goldfarben, alle Grüntöne. Und Vogelgesang. Zikaden. Weltvergessene Klänge wie im Herzen eines ländlichen Sommers.

Bruna sieht um sich, zufrieden wie ein kleines Mädchen, und spielt sich ein bißchen auf.

Bruna Wie mir das gefällt, wie die Grillen singen!

Ettore Das sind keine Grillen, das sind Zikaden!

Bruna Ach ja, du hast recht ...

Bruna lauscht, um den Gesang eines bestimmten Vogels herauszuhören.

Bruna Und das, was is das für einer?

Ettore Ein Fink.

Bruna Und der weiter weg, der tschi-tschi-tschi-tschu-tschu macht...

Ettore Das is 'ne Lerche!

Bruna Wie kommt das, daß du die alle kennst, Ettore?

Ettore Ich werd mich nich auskennen! Ich hab immer nach Nestern gesucht; da, wo ich gewohnt hab, hat es davon nur so gewimmelt. Ganze Schwärme hab ich umgebracht mit meiner Schleuder!

Bruna Ach ja, du hast ja bei Bauern gewohnt! Is deine Mutter dich besuchen gekommen?

Ettore Was interessiert mich meine Mutter!

Bruna Das is so 'ne schöne Frau, deine Mutter ... Sie hat noch ganz schwarze Haare! Wie alt is sie denn?

Ettore Hm, so um die Dreiundvierzig ...

Er geht einen Augenblick schweigend weiter. Dann sagt Bruna, wie aus einer tiefen Ideenverbindung heraus, schamlos naiv:

Bruna Hast du's noch nie mit 'ner Frau getrieben, Ettore?

Ettore gesteht heroisch, ehrlich, verschlossen die Wahrheit.

Ettore Tz!

Bruna Ooooh! Oooooh! Dann weißt du also nich mal, wie wir gebaut sind, wir Frauen!

Ettore Und wie seid ihr gebaut?

Bruna Ah! Wenn du wüßtest!

Und verlegen und schamlos lacht sie und lacht. Dann spitzt sie wieder die Ohren und lauscht.

Bruna Den kenn sogar ich! Ein Kuckuck!

Ettore Sag mal, wo gehn wir denn hin, nach Amerika?

Bruna Du bist aufgeregt, stimmts? Du hast Herzklopfen! Ich wette, du hast Herzklopfen!

Mit einer ihrer kindlichen, schamlosen Gesten legt sie Ettore eine Hand auf die Brust; er wehrt sie ab.

Ettore Hör auf!

Bruna lacht noch ein bißchen, verschwörerisch, wie eine, die weiß, wo es langgeht.

Bruna Gehn wir dahin, hinter das Gebüsch! Da geh ich immer hin! Das is 'n schöner Platz!

Sie geht voraus, gefolgt von Ettore, verläßt den Pfad, geht durch die üppig-grüne Wiese auf ein Dickicht aus Unkraut zu, das sich an einer alten Mauer festgesetzt hat.

Dahinter verschwinden sie, und ringsum hört man nur, vielstimmig, selbstvergessen, den Vogelgesang.

19

Ein betäubendes, wimmelndes Durcheinander: In einer leichten Senke, von der aus man Gerusalemme sieht mit der Wiese am Aquädukt, in einer Schlucht zwischen spitzen und flachen Hausdächern – die Ina-Case von Cecafumo –, drängt sich in chaotischer Ordnung der Markt.

Die Stände mit ihren Markisen, dazu der Mittelgang, vollgepfropft mit Kunden, bilden eine einzige Masse; man meint, man sei in China oder in Indien oder in Neapel.

Und ringsum Mücken, Sonne, Müll und Schreie.

Mamma Roma steht hinter ihrem Obststand: zur Gottheit geworden, ein schwarzhaariges, zerzaustes Idol, dem die Zufriedenheit im Gesicht geschrieben steht.

Mamma Roma Bohnen, schöne frische Bohnen!

Gegenüber von Mamma Roma sind andere Stände mit anderen Waren aufgebaut: und die Menge strömt hin und her, ein Hexenkessel. Mamma Roma schreit am lautesten.

Neben ihr, an einem anderen Obst- und Gemüsestand, arbeitet ein junger Blonder, ein kräftiger Kerl mit dem gutmütigen Gesicht einer geborenen Plaudertasche. Mit ihm zusammen arbeitet Tonino, ganz der kleine Schlawiner. Der junge Kerl, Piero, sieht Mamma Roma an, lächelt männlich und entblößt dabei das ganze Gehege seiner weißen Zähne.

Piero Mensch, Signora Ro'! Kruzitürken, haben Sie eine Stimme! Sie könnten echt ein Hochamt singen!

Mamma Roma Geh, du Kartoffelhändler, laß mich schrein! Ich schrei, weil ich froh bin!

Piero Das glaub ich! Schließlich arbeitet neben Ihnen ja auch ein hübscher brünetter Kerl!

Und er streichelt sich die Wangen – ein zarter Hinweis darauf, wen er mit dem hübschen brünetten Kerl gemeint hat...

Mamma Roma Das sind Feigen! Feigen sind das!

Eine kurze Pause, in der alle brüllen wie die Besessenen.

Piero Signora Roma!

Mamma Roma Ja?

Piero Kennen Sie die da?

Er deutet mit dem Kinn auf Bruna am Stand ein Stück weiter vorn, die mit dem Kleinen im Arm neben ihrer Mutter sitzt. Sie ist wie gewöhnlich glücklich wie ein kleines Kind und schneidet für den Kleinen lustige, übertrieben lustige Grimassen.

Mamma Roma Wer soll das sein?

Piero Sympathisch, oder, die gefällt Ihnen, stimmts?

Mamma Roma Ich find, sie sieht aus wie ein kleiner Affe! Feigen, schöne Feigen!

Piero Frau Ro' ... *(er ist ganz aufgekratzt, mit seiner hübschen breiten Nase über dem lachenden Mund)* hören Sie ... Ich klär Sie jetzt mal auf!

Er kommt hinter seinem Stand hervor, und flink geht er die paar Schritte auf den von Mamma Roma zu.

Tonino beobachtet ihn mit seinem Schlawinergesichtchen, das aus einem einzigen Lachen besteht.

Piero packt Mamma Roma am Ärmel und benutzt die Gelegenheit, sie – während er sie an sich zieht – auch noch ein bißchen zu knutschen.

Piero Hörn Sie, hörn Sie...

Mamma Roma nähert ihr Ohr vorsichtig dem Mund von Piero, der nun hinter vorgehaltener Hand lachend Mamma Roma ins Vertrauen zieht; seine Mitteilung scheint ziemlich detailliert zu sein.

Kaum hat sie von dem Heldenstück ihres Sohnes vernommen,

strahlt Mamma Romas Gesicht im ersten Moment auf; sie strotzt vor schmutziger, naiver, unbezähmbarer, beinah gefräßiger Zufriedenheit.

Mamma Roma Deswegen wollte ich kein Mädchen, sondern 'nen Jungen! Ha, ha! Und wem hat er die Hörner aufgesetzt?

Tonino Dem Volk von Rom!

Mamma Roma betrachtet, immer noch lachend, Bruna etwas genauer. Aber plötzlich vergeht ihr das Lachen ein bißchen, nach dem ersten Schwall. Bruna sitzt da und schneidet weiter drollige Grimassen, ganz versunken in unschuldiger Schamlosigkeit.

Piero Na, gefällt sie Ihnen als Schwiegertochter? Wann geben Sie ihr den heiligen Segen?

Mamma Roma (fröhlich, aber nicht mehr ganz so fröhlich) Glauben Sie, mein Sohn is blöd?

Tonino Neiiin! Der is nich blöd! Aber er hat ihr gesagt, daß er ihr ein Goldkettchen kauft!

Mamma Roma Schöne Feigen! Schöne Feigen!

Piero Kartoffeln, Kartoffeln! Das gibt schöne Gnocchi!

Mamma Roma schreit übermütig, aber keineswegs mehr so übermütig wie vorher.

Um sie herum schreien alle, der Markt, auf den die Sonne herabbrennt, ist ein einziger orientalischer Hexenkessel.

Da, auf einen Schlag, unterbricht Mamma Roma ihr Geschrei: Am Ende der sonnengefleckten Straße, jenseits der Schweinereien des Marktes, vor den Bögen des Aquädukts hat sie Ettore erspäht, der in der Menge auf die Markisen der Stände zugeht. Sie beobachtet ihn, wie er zerstreut, konzentriert, zögernd näherkommt; wie er sich umsieht; wie er sich vorbeugt, um einen kleinen Spritzer Speichel auf den Boden fallen zu lassen; wie er näherkommt, bis er sie fast vor der Nase hat, und sie trotzdem nicht sieht; und wie er Bruna statt dessen sieht und sie mit seinen Waldtierchenaugen lange betrachtet. Mamma Roma ist geladen, in ihrer Wut kommt er ihr gerade recht.

Mamma Roma Und? Hat dich der Schlag getroffen? Was suchst du hier, he?

Piero Hm, wegen Ihnen ist er ja nich gekommen, Signora! Das da is der Magnet! Das is es, was ihn anzieht!

Mamma Roma Also? Was willst du?

Ettore sieht sie an, überrascht über diesen unfreundlichen Empfang. Sofort verschlechtert sich auch seine Laune.

Ettore Nichts!

Mamma Roma Und warum bist du dann hergekommen?

Ettore wird noch finsterer.

Ettore Ich bräucht tausend Lire ...

Mamma Roma Tausend Lire? Glaubst du, das Geld liegt auf der Straße? Dir werd ich tausend Lire geben, zwei Watschen werd ich dir geben! Und wozu brauchst du die tausend Lire, he?

Ettore zuckt die Achseln und wendet sich ab, um wieder dahin zu gehen, woher er gekommen ist.

Ettore Ich brauch sie nich mehr.

Mamma Roma Ich weiß, wozu du sie gebraucht hast! Du Dummkopf! In deinem Alter brauchst du bloß *eine* Frau, und das is deine Mutter, damit du's weißt ... Laß die Finger von andren Frauen. Dein Hirn is noch zu klein, was Frauen sind, das verstehst du doch noch gar nich! Von denen is eine 'ne größere Sau als die andre!

Sie hat kaum angefangen zu reden, da geht der Junge schon schneller und schneller, ohne sich umzuwenden, zwischen den Ständen davon: Sein magerer, zarter Rücken verliert sich in der Menge.

Mamma Roma Hast du das kapiert, ja? Wenn du's nich kapiert hast, dann sorg ich schon dafür, daß du's noch kapierst!

Piero Verreck, Mamma Ro', haben Sie 'ne Stimme!

Dort läuft Ettore, man sieht nur noch seinen Rücken, und er rennt und rennt, den kleinen Markt entlang, unter der blendenden Sonne.

20

Kaum hat Ettore die Wohnung betreten, scheint es, als wüßte er einen Augenblick nicht mehr weiter. Unsicher, verzweifelt tritt er ans Fenster und sieht hinaus ... hinaus auf das grenzenlose Panorama von Cecafumo, mit dem kleinen Markt da unten, aus dem Schreie aufsteigen, als sauge die Sonne sie auf. Aber gerade dieser Anblick treibt ihn anscheinend vom Fenster weg. Jetzt ist er sich seiner Sache sicher, er handelt wie ein Automat. Schuldgefühle kennt er nun nicht mehr: Das ist der Mut der »Erniedrigten und Beleidigten«. Er sucht umher, wühlt in einer Schublade, in der die Mutter ihre Schallplatten aufbewahrt, nimmt davon einen Stoß, wahllos, ohne sie anzusehen. Und geht hinaus.

21

Ettore sieht sich um, feindselig und schlecht gelaunt.
Ringsum ein schmutziger Flohmarkt: schiefe Stände, verwitterte Mäuerchen, Altmetall und Rost.
Und Gesichter: Gesichter des Bösen, das gut wurde vor lauter Trägheit, unter dieser Sonne, in dieser Ruhe, als schliefen Gott und die Menschen. Gesichter, die das Laster, die das Messer bearbeitet hat.
Das einzige Gefühl, das in diesen Augen noch lebt, in diesen Backenknochen, in diesen spitzen Kinnen, ist das Bewußtsein, mit allen Wassern gewaschen zu sein. Ettore wirkt unter ihnen wie ein Lämmchen. Aber auch er verbirgt sein Gesicht unter einer Maske aus Gleichgültigkeit und Härte: Er kennt das Spiel bereits, seit ewigen Zeiten.
Er geht zwischen diesen Verdammten hindurch, unter der Sonne, und schweigt.
Eine Stimme hält ihn an: die Stimme eines alten Diebes, den die Jahre und der Hunger bestohlen haben.

Dieb He, du, was is, hast du was zu verkaufen? Komm her!
Aber Ettore wirft ihm nur einen schiefen Blick zu, wie ein Tierchen. Und setzt gleichmütig seinen Weg fort, ohne sich umzudrehen.
Er tut ungefähr zehn Schritte mit seinem gelenkigen, unschuldigen Jungenrücken zwischen den schlappen Riesenleibern dieser Ganoven – und dreht sich dann um, ohne seine Miene zu verändern: Bleich und verschlossen geht er zurück zu dem, der ihm nachgerufen hat. Und der jetzt dabei ist, seine schmutzige Ware schmutzig zu inspizieren.

Ettore Ich hätt 'n paar Platten hier ... Kaufen Sie die?

Dieb Ich kauf alles ... Komm her, laß mich sehn, laß sehn ...

Er nimmt die Platten und holt sie aus der Tüte.

Dieb Und, was sind das für Platten ...?

Ettore Wir brauchen sie daheim nich mehr ... wir haben keinen Plattenspieler, was sollen wir damit ...

Inzwischen hat der Dieb schon die erste Platte auf den Plattenspieler gelegt und hört sie sich an: Es ist der Tango, den Ettore und seine Mutter tanzten, bei ihrer ersten Begegnung. Die fröhlichen alten Klänge des Tangos legen sich über das Treiben des Marktes.
Der Dieb hört sie sich an, Erinnerungen an sein Ganovenleben überwältigen ihn. Dann sieht er Ettore an wie ein Komplize.

Dieb Wo hast du die geklaut? Die Platte hab ich seit zwanzig Jahren nich mehr gehört!

Ettore Ich hab sie überhaupt nich geklaut! Wir haben einen ganzen Stoß daheim ... Die brauchen wir nich mehr ...

Dieb Hör zu, ich kauf nich nur Platten. Ich kauf alles, ich kauf auch Steine ... Wenn du wieder mal zufällig was hast ... Auch wenn du's geklaut hast, das juckt mich überhaupt nich ... Schau, du findest mich immer hier, das hier is mein Platz!

Dabei reicht er ihm tausend Lire.

Dieb Nimm ... Siehst du jetzt, was ich dir für Preise mach? Also immer dran denken, hm? Ich heiß Gennarino er Trovatore!* Durch mich sind schon 'ne Menge Leute reich geworden, reich, verstehst du!

Aber Ettore hört ihn schon nicht mehr. Er verschwindet mitten in der dichten Menge, schlank, schwarzhaarig, zart.

22

Bruna sitzt in der Mitte der Wiese, wie immer nach der Arbeit. Aber sie ist allein und traurig. Sie hat die Augen gesenkt, wie von einem großen Kummer erfaßt.

Ettore kommt gelassen heran, vor dem Hintergrund der Mietskasernen der Ina-Case, der Ruinen. Er stellt sich neben sie, betrachtet sie. Und sie ist stumm, wie eine Hündin.

Ettore Hast du was, Bru'?

Bruna hebt ihre feuchten Hundeaugen zu ihm hoch und sieht ihn an.

Bruna Weißt du, das Kleine, das ich immer mit hierhergebracht hab! Es is krank, das arme Ding! Der Doktor is gekommen und hat gesagt, daß es vielleicht stirbt ... Ich weiß nich, was ich anfang ohne den Wurm ... Der arme, kleine Engel ...

Ettore setzt sich neben sie, im Grunde mehr verärgert als betrübt. Und er redet tröstend auf sie ein.

Ettore Na ja, auch wenn er stirbt, der is doch noch so klein, der kapiert doch überhaupt noch nichts ... Wie alt is er denn?

Bruna Zwei ...

Ettore Na also, was kapiert der schon? Und wie alt bist du, Bru'?

Bruna Ich? Vierundzwanzig ...

Ettore Fast acht Jahre älter wie ich ... Verreck! So entwickelt bist du überhaupt noch nich ...

Seine Augen fallen auf ihren Busen und verfinstern sich: auf den

* Der Findige, auch: der Troubadour (Anm. d. Übers.).

kleinen, zarten, weißen Busen unter dem Hemdchen. Es ist ein Busen ohne Seele, geschaffen für ein bißchen fleischliche Liebe nur, und sonst nichts.

Ettore Da, was hab ich dir gesagt!

Und er zieht das Kettchen aus der Tasche und reicht es Bruna.

Bruna Oh, danke, Ettore!

Sie nimmt das Kettchen und betrachtet es, zufrieden in ihrem Kummer.

Bruna Was, is das die Madonna?

Ettore Ja, die Madonna mit dem Kindchen!

Und er schaut sie an, während sie sich das Kettchen um den Hals legt. Und schaut auf den Busen, über dem das Kettchen hängt und leicht funkelt.

23

Eine häßliche leere Kirche aus den fünfziger Jahren. Und die hallende Stimme von Mamma Roma, die mit dem Pfarrer spricht.

Mamma Roma Daß mein Sohn dieser Verrückten hinterherläuft, deswegen mach ich mir keine Sorgen ... Den reiß ich ihr schon rechtzeitig aus den Händen, wenn ich wirklich will ... Der kann mir so viele Platten, so viele Sachen aus der Wohnung klaun, wie er will ... Das kann ich ihm austreiben, mit 'n paar Schlägen auf den nackten Hintern ... Und warum eigentlich nich? Ein paar hinter die Ohren hätt er doch verdient, oder?

Pfarrer Warum nicht?

Mamma Roma Aber das is es nich ... Das is es nich ... Er hat sich ja wohl nich in sie verliebt ... Das werden Sie verstehn, Pater, es ist das erstemal, daß mein Sohn mit 'ner Frau geht ... Die hat ihn auf 'n Geschmack gebracht ... und er is natürlich drauf reingefallen ... dieser Bauer! Ich weiß bloß nich, was er an der findet ... Für mich spinnt die, die gehört ausgestellt im

Zirkus ... Die müßten Sie sehn, Pater ... ins Gesicht würden Sie der spucken!

Pfarrer Eeeh! Das glaub ich wirklich nicht!

Mamma Roma Das ganze Problem is, daß er 'ne andre findet ... dann schickt er die alte dorthin, wo der Pfeffer wächst ... Und wenn ich ihm eine besorgen muß ...

Pfarrer Eh, weiche von mir, Satanas! Sie sind mir eine großzügige Mutter!

Mamma Roma Sehn Sie, ich bin zu Ihnen gekommen ... weil Sie mir helfen könnten, nur Sie, wenn Sie sich der Sache annehmen würden ... Wenn einer eine Arbeit finden will, das sagen alle, dann kann der Pfarrer am besten helfen ...

Der Pfarrer, durch die naive Unverschämtheit Mamma Romas aus der Fassung gebracht, lächelt.

Pfarrer Ah, das sind Legenden, alles Legenden! ... Wir armen Pfarrer haben doch nichts zu sagen ...

Mamma Roma Sie haben was zu sagen, Pater, und wie, keine falsche Bescheidenheit ...

Pfarrer Na gut, wenn Sie so wollen ...

Mamma Roma wird noch ernster und vibriert jetzt förmlich vor mütterlicher Sorge.

Mamma Roma Mein Sohn braucht eine Arbeit ... Ich kann ihn nich so auf der Straße aufwachsen lassen ... Ich will nich, daß er ein Gauner wird ... Sie wissen ja, Pater, er is mein einziges Kind ... meine einzige Hoffnung ... Er hat 'nen schwachen Charakter, er is ja noch 'n kleiner Junge, er is noch völlig unverdorben ... So 'n junger Kerl kommt schnell auf die schiefe Bahn in einer Stadt wie Rom, wo so viel passiert ...

Pfarrer Ja, ich weiß, ich weiß ...

Mamma Roma Sie müssen mir helfen, Pater ... Sie können es ... Wo bin ich überall gewesen in den letzten Wochen, um für ihn 'ne Arbeit zu finden ... Aber ich bin eine Frau, ich bin alleinstehend, an wen kann ich mich schon wenden, wer hört schon auf mich?

Pfarrer Aber was kann Ihr Sohn? ... Hat er irgend etwas gelernt, hat er eine Lehre gemacht?

Mamma Roma Nein ... er is einfach so aufgewachsen ... 'nen Vater hat er nich gehabt, und ich mußte sehn, wie ich uns durchbring ...

Pfarrer Dann ist es schwierig ... Ich ... könnte versuchen, ihm eine Stelle auf irgendeiner Baustelle zu besorgen ... als Hilfsarbeiter ... Das ist alles, was ich machen könnte ...

Mamma Roma Soll das 'n Witz sein, Pater? Meinen Sie, ich hab meinen Sohn zur Welt gebracht, damit ich ihn dann Hilfsarbeiter werden laß? Nein, nein, ich will 'ne anständige Arbeit für ihn, 'ne Arbeit, die ihm 'ne Zukunft bieten kann ... Sie kennen doch den eleganten Herrn, Pater, der immer hierher zur Messe kommt ... Er heißt De Angelis ... Er hat 'ne Frau und 'ne Tochter ... Kennen Sie ihn?

Pfarrer Sicher kenne ich ihn ... Er ist ein fleißiger Kirchgänger ... Sehen Sie diese Kirche? Ein bißchen ist es auch ihm zu verdanken, daß es sie gibt ...

Mamma Roma Hm, also der Herr hat 'ne Trattoria in Trastevere ... Eine von den besseren, wo lauter feine Leute hingehn, Schauspielerinnen, Rechtsanwälte ... Könnten Sie nich mit ihm reden, ob er dort für meinen Sohn nich 'ne Stelle hat?

Pfarrer Ich werde es probieren ... Aber wissen Sie, auch dafür braucht man eine bestimmte Ausbildung ... Hören Sie auf mich, und schicken Sie Ihren Sohn zur Schule ... Oder stekken Sie ihn in eine Lehre ... Das ist das Wichtigste ... Wollen Sie mir das versprechen?

Mamma Roma steht eine Weile in sich gekehrt da, als dächte sie bei sich nach.

Mamma Roma Sie haben recht! Ich werd alles tun, Pater, das versprech ich Ihnen!

Sie richtet sich auf, vor dem scheußlichen, eisigen Hintergrund der Kirche.

Mamma Roma Auf Wiedersehn, Pater!

Pfarrer Gehen Sie mit Gott.

Mamma Roma geht wie ein Gespenst, eine Statue, zwischen den kahlen Schiffen zum Ausgang.

24

Unter der glühenden Sonne der Mittagszeit oder der friedlichen Sonne des Nachmittags breitet sich das grenzenlose Panorama der Peripherie von Rom aus, warm, weißlich, dunstig, ohne Form, ohne Ende.

25

Ettore und seine Freunde Carlo, Augusto, Pasquale und Tonino drängen sich auf einem Fleck schmutziger Erde und spielen Karten. Schweigend handhaben sie Geld und Karten, mit einer Art religiöser Andacht.
Hie und da ein paar wütende Worte in einer geschäftigen, tückischen Stille.

Carlo Jetzt spiel schon aus! Verdammter Dreck, ich hab schon fünfhundert Lire verloren!

Augusto Und was soll ich ausspielen, was soll ich ausspielen, mit diesem Scheißblatt in der Hand!

Sie spielen wütend weiter.
Ettore, der eine gestreifte Schlägermütze mit Schirm, bis zur Nase heruntergezogen, auf dem Kopf hat, hebt die Augen und sieht Bruna über die Wiese gehen.
Sie befinden sich nicht an ihrem gewohnten Platz, sondern weiter im Zentrum der unendlichen Wiese, dort, wo ein Lichtmast steht.
Und direkt unter dem Mast setzt sich Bruna nun hin, mit einem Groschenheft in der Hand.
Ettore senkt die Augen wieder und spielt weiter, stumm wie eine Sphinx.

Eine Weile Schweigen und spärliche, heisere, böse Ausrufe.
Die Partie geht mit einem Gähnen von Tonino zu Ende, der sich unten kratzt. Sobald die letzten Karten gefallen sind, steht Ettore auf.

Pasquale Wo gehst denn du hin?

Ettore entfernt sich, blaß und entschlossen.

Ettore Ich hör auf.

Ein gewisser Picchio nimmt seinen Platz ein, und die fünf spielen weiter, fanatisch wie Erwachsene.
Ettore geht auf den Mast zu, wo Bruna sitzt, und zündet sich dabei eine Zigarette an. Bei ihr angekommen, geht er neben ihr in die Hocke.

Bruna Oh, wen sieht man da mal wieder! Ich hab gehört, du gehst in die Schule! Hast du damit aufgehört?

Ettore Ja, es is mir zu langweilig geworden! Und wozu auch!

Bruna Und wieso? Hat's dir nich gefallen?

Ettore Ich hab überhaupt nichts kapiert! Die haben mich ganz blöd gemacht! Ich kann nichts lernen, ich krieg immer Kopfweh ...

Bruna In eine Lehre hast du nicht gehn wollen, in die Schule willst du auch nich! Ah, ah! Ich weiß schon, was deine Mutter auf dem Markt über dich sagt! Sie jammert ständig!

Ettore Das is doch mir egal! Hab ich ihr vielleicht gesagt, sie soll jammern?

Bruna Trotzdem, recht hast du! Schule is was Scheußliches! Aber hast du denn deine Mutter nich gern, Ettore?

Ettore Meine Mutter is mir egal!

Bruna Ah, ah! Verreck, bist du ein schlimmer Kerl!

Ettore denkt eine Weile mit niedergeschlagenen Augen nach, schaut wieder hoch und meint:

Ettore 'n bißchen mag ich sie schon ...

Bruna Woher willst du das wissen?

Ettore Wenn sie sterben müßte, würd ich weinen.

Bruna Das glaub ich gern! Zum Lachen wär dir dann bestimmt nich zumute!

Ettore steht auf und geht auf das andere Ende der Wiese zu.

Ettore Komm, wir machen 'ne Nummer.

Bruna steht auf und folgt ihm schweigend und lachend. Die anderen dort hinten haben aufgehört, Karten zu spielen, und sehen alle zu Ettore und Bruna hinüber. Auf einen Schlag stehen sie geschlossen auf und gehen los, träge, und pfeifen den beiden durch die Finger hinterher.

Ettore sieht scheel, plötzlich böse geworden, zu ihnen hinüber.

Ettore Gehn wir! Tu so, als ob sie nich da wären.

Sie gehen eine Weile schweigend dahin: und drehen sich dabei hie und da nach ihren Verfolgern um.

Diese fangen an zu laufen und erreichen kurz darauf das Paar.

Carlo He, wo geht ihr hin?

Ettore, mit einem Kloß im Hals, geht in die Defensive.

Ettore Warum?

Carlo Wir kommen mit!

Ettore Wir müssen miteinander reden ...

Carlo Wir müssen auch miteinander reden! Stimmt's, Bruna?

Bruna Woher soll ich wissen, was ihr mit mir zu bereden habt?

Pasquale Wir wollen dir das Märchen von Rotkäppchen erzählen ...

Bruna Das kenn ich schon, das kenn ich ...

Aber Ettore geht zu ihr hin, faßt sie am Arm und zieht sie zum hinteren Teil der Wiese.

Ettore Los, lauf schon, wir gehn!

Tonino Ach! Das is ja wunderbar! Und uns soll das Maul sauber bleiben? Du machst es wohl wie die Deutschen, kommst an, okkupierst alles ...

Ettore Also haut ihr jetzt endlich ab?!

Aber Carlo geht noch entschlossener auf Bruna zu und packt sie am anderen Arm.

Carlo Wenn du meinst, du kannst hier den Schlaumeier spielen, bist du schief gewickelt! Bruna nehmen wir für uns!

Aber Bruna macht sich los, rührend anmutig.

Bruna Aber ich will nichts machen, ich hab keine Lust, irgendwas zu machen!

Tonino Aber *wir* haben Lust!

Jetzt stürzen sie sich alle auf Bruna und zerren sie frech und grausam von Ettore weg.

Bruna Das sag ich euren Eltern, wenn ihr mich nich loslaßt, das sag ich euch!

Ettore ist stehengeblieben und ist nun ein kleines Stück von der Gruppe entfernt und sieht sie einen Augenblick schweigend an. Dann stürzt er wie rasend auf sie los und will sich Bruna wiederholen.

Ettore Weil ihr so viele seid! Ihr verdammten Schweine! Laßt sie in Ruhe, sie will nich mit euch mit!

Pasquale Du Bohne, was bildest du dir eigentlich ein!

Ettore Bloß weil ihr so viele seid, allein traut ihr euch einen Dreck! Ihr verdammten Scheißkerle!

Augusto schiebt sich nach vorn, bereits außer sich vor echter Wut.

Augusto Hast du grade was von Scheißkerlen gesagt, he? Wenn du jetzt nich aufhörst, verhau ich dich, ich ganz allein! Dir zeig ich, ob wir zu vielen sind!

Ettore Wen verhaust du, wen verhaust du! Komm und verhau mich doch, wenn du dich traust! Du Scheißkerl!

Augusto stürzt sich wutentbrannt auf ihn.

Die zwei fangen an zu raufen, stumm und brutal.

Sie bearbeiten sich mit Fäusten, werfen einander zu Boden, pakken einander an den Haaren, an der Gurgel, während Bruna wie besessen kreischt.

Nach einer Weile stürzen sich die anderen, die sehen, daß Augusto allein es nicht schafft, alle auf Ettore. Sie reißen ihn von Augusto los, und sobald er auf dem Boden liegt, fangen sie an, ihm mit Fäusten ins Gesicht, in die Seiten zu schlagen. Einer tritt ihn mit Füßen. Sie machen ihn fertig.

Dann lassen sie, wie auf ein Signal hin, von ihm ab, packen

Bruna, die ununterbrochen weitergeschrien hat, und gehen mit ihr, ohne daß sie sich sträubt, auf den hinteren, verlassenen, stillen Teil der Wiese zu, unter dem Gesang der Vögel und Zikaden. Bruna dreht sich zu Ettore um und schreit voller Mitleid:

Bruna Du, Ettore, wir sehn uns morgen!

Die Gruppe entfernt sich, geht auf den hinteren Teil der Wiese zu, wo das Gras und das Getreide so üppig stehen.

Unter Schmerzen, verängstigt, steht Ettore ganz langsam auf. Er säubert sich ein bißchen. Er blutet aus der Nase. Er stillt das Blut mit einem Taschentuch. Er holt sich seine neue Schirmmütze wieder, die in einen Haufen Gras und Staub gefallen ist. Er setzt sie sich auf den Kopf. Er macht taumelnd ein paar Schritte. Er entfernt sich in entgegengesetzte Richtung, auf das Inferno der Häuser zu.

26

Gleich darauf, längs einer weißen, ausufernden Straße, die Front der Mietskasernen. Am Ende der Straße steht ein kleiner Brunnen.

Er kommt zu dem Brunnen. Dort steht ein Mann, der die Sohle eines Schuhs abwäscht. Ein schlapper, grauhaariger Mann, der etwas hoffnungslos und jämmerlich Lächerliches an sich hat.

Ettore wartet darauf, daß der Mann den Wasserhahn freigibt.

Mann Nur zu, nur zu ...

Ettore bückt sich, legt die Mütze oben auf den Brunnen und beginnt sich das Gesicht zu waschen.

Mann Verflixt und zugenäht ...

Er sieht Ettore an, der sich stumm weiterwäscht. Ein verschmitztes, ängstliches Lächeln wandert über sein jämmerliches Gesicht.

Mann Verflixt und zugenäht ... Ich bin aus Versehen in Scheiße getreten!

Und er sieht Ettore an, der auch jetzt kein Interesse bekundet und sich darauf beschränkt, einen Blick auf den Schuh zu werfen, den der Mann in der Hand hält und – peinlich bemüht, Ettore zum Lächeln zu bringen – mit einem Stück Zeitungspapier abreibt.

Mann Mensch, merkst du, wie das stinkt! Baaa! Das war echt abgelagert …

Und Ettore sagt immer noch nichts. Nun kommt der Mann ein bißchen näher an ihn heran, humpelnd, weil er sich dabei den stinkenden Schuh anzieht, und mustert das Gesicht von Ettore.

Mann Iiih, was haben sie denn mit dir gemacht? Hast du eine Schlägerei gehabt? Laß mal sehen …

Und er kommt noch näher heran und legt Ettore eine Hand auf die Schulter, um ihm mit der Miene eines guten, wohltätigen Krankenpflegers ins Gesicht zu sehen.

Mann Du mußt dir da sofort was drauftun! Da mußt du dir gleich ein bißchen Alkohol drauftun! Hast du Alkohol zu Hause? Diese Männer! Die haben alle vergiftete Krallen!

Ettore begreift und sieht ihn böse an. Er läßt seine Wut an ihm aus.

Ettore Hau ab, zieh Leine!

Und er schlägt wütend die Kante der rechten Hand in die Innenfläche der nach oben gedrehten Linken. Eine unverhältnismäßige Wut entstellt ihn.

Mann He, wirst du aber schnell wütend! Deswegen haben sie dich auch verprügelt … Ich hab dir doch bloß 'nen guten Rat gegeben, dir zuliebe!

Ettore wird es nun aus Wut über diesen weichen und im Grunde unbarmherzigen Ton schwarz vor Augen.

Ettore Ich hab dir gesagt, hau ab!

Der Mann streckt seine Hand aus, um Ettore wie im Scherz über den Kopf zu streichen, aber Ettore versetzt ihm wütend einen brutalen Faustschlag, und noch einen. Der Mann fällt stöhnend und erschrocken zu Boden.

Auch Ettore erschrickt über das, was er getan hat, greift sich seine Mütze und rennt davon.

Rennt die Straße der Ina-Case hoch; rennt unter einer Unterführung durch, das Aquädukt entlang, an dem eine ganze Siedlung kümmerlicher Bruchbuden klebt; rennt die Appia Nuova entlang, durch die ein Strom von Autos fährt; rennt durch die Tuscolana, unter riesenhaften Laden- und Kinoreklamen vorbei; rennt die Basilika di San Giovanni entlang, durch die Menge.

Hier, an der Basilika, bleibt er einige Augenblicke verwirrt stehen.

Er geht auf eine Straßenbahn zu, um einzusteigen. Aber sie fährt vorher ab. Er nimmt eine andere, die zufällig auftaucht, in die entgegengesetzte Richtung.

Er fährt die Piazza Vittorio entlang, auf der sich eine ärmliche Menge drängt; fährt am Kolosseum vorbei, das verlassen unter der Sonne liegt; fährt durch ihm unbekannte große Straßen, zwischen den unbekannten Häusern einer Stadt hindurch, die Rom sein könnte oder Mailand oder Buenos Aires ...

In einer ihm unbekannten Gegend, an einer Haltestelle, wo niemand steht, steigt Ettore aus und geht eine ihm unbekannte Straße entlang, gesäumt von traurigen kleinen Anlagen, die in der Sonne blitzen.

Er geht weiter und biegt um eine Ecke und sieht, wie aus einer ungeheuren Ausfallstraße ein Zug von Elefanten anrückt. Langsam rücken sie an, gigantisch, sie bewegen die Glieder, als schwömmen sie, wie in Zeitlupe, als ruderten sie langsam durch den sonnigen Raum der Straße mit wedelnden Ohren, erhobenen Rüsseln.

27

In der Kirche steht Mamma Roma vor dem Pfarrer und weint oder ist zumindest nahe daran.

Mamma Roma Ich weiß, ich weiß, Pater, ich bin ein Quälgeist ... Aber Sie sind der einzige Mensch, an den ich mich wenden kann, Sie sind mein letzter Halt ... Ich hab alles getan, was Sie mir geraten haben, Pater, alles ... Ich hab meinen Sohn in die Schule geschickt ... Ich hab ihn in 'ne Lehre getan, ohne Erfolg ... Er is nich geschaffen für so was, das weiß ich ... Er schafft das einfach nich, der arme Kleine ...

Pfarrer Man muß die Kerle daran gewöhnen, man muß wissen, wie man sie erzieht ...

Mamma Roma Ich weiß! Aber wann hab ich schon Zeit gehabt, ihn zu erziehn ... Aber er is nich auf 'n Kopf gefallen, wenn er eine Beschäftigung findet, die ihm gefällt, dann kniet er sich auch rein ... Das weiß ich ... Ich bin seine Mutter, ich kenn ihn ... Und übrigens, Pater, bitte halten Sie mich nich für unverschämt ... Haben Sie schon mit dem Herrn gesprochen, der die Trattoria hat ...

Pfarrer Ich habe mit ihm gesprochen, ich habe mit ihm gesprochen ... Er hätte es herzlich gerne getan ... Aber er kann im Moment nicht, sein Personal ist komplett ...

Mamma Roma Verdammt, warum nimmt er ihn bloß nich, meinen Sohn, dieser Fettsack, was würd ihn das schon kosten ...

Pfarrer Aber wenn Sie wollen, die Stelle als Hilfsarbeiter, von der ich Ihnen sprach, kann ich ihm jederzeit besorgen ...

Mamma Roma Hilfsarbeiter, Hilfsarbeiter, Pater, was reden Sie da ...

Der Pfarrer sammelt sich einen Augenblick und schweigt verärgert. Dann hebt er die Augen und sieht sie an; seine Augen glänzen verändert, streng, beinahe drohend.

Pfarrer Man darf nicht auf Sand gründen, das wissen Sie doch, oder? Sie wollen die Zukunft Ihres Sohnes auf Sand bauen ...

Mamma Roma Was soll das heißen, ich versteh Sie nich ...

Pfarrer Offen und ehrlich: Ist es wahr, was Sie mir sagten, daß Sie mit dem Vater von Ettore verheiratet sind ...

Mamma Roma steht kurz davor, mit glänzenden Augen »Ja!« zu schreien, und sagt statt dessen:

Mamma Roma Nein ... aber was hat das denn damit zu tun, bin ich nich trotzdem ein Kind Gottes wie alle andern auch?

Pfarrer Oh, doch, aber sicher ... Stimmt es, daß der Vater aus einer ordentlichen Familie stammte, so wie Sie, stimmt es, was Sie mir da immer erzählt haben ... Wissen Sie, wenn Sie mich anlügen, ist das nicht von Bedeutung ... aber zu sich selbst müssen Sie ehrlich sein ...

Mamma Roma Na gut, ja ... Wir waren immer Hungerleider ... aber is das unsre Schuld? Wir sind so geboren worden, was hätten wir machen sollen?

Pfarrer Warum sich deshalb also schämen ... Und ... Sagen Sie ... aber gearbeitet haben Sie doch, Sie waren doch immer ... anständig ...?

Mamma Roma sieht ihn an voll Haß: mit einem Haß, in dem auch ein verzweifelter Wunsch nach Hilfe und Verständnis steckt.

Mamma Roma Nein! Ich war Nutte!

Aber sie senkt den Kopf, übermannt von Scham und Erregung, und fängt, diesmal schluchzend, wieder an zu weinen.

Pfarrer Sehen Sie, deshalb hab ich gefragt, ob Sie auf Sand bauen wollen ... auf Lügen ... Verstehen Sie? Sie haben sich an Ihrem Sohn schwer versündigt, wo wollen Sie mit dieser Sündenlast hin?

Mamma Roma weiß keine Antwort, schüttelt den Kopf, verneint unter Tränen.

Pfarrer Für alles Böse, das in Ihrem Sohn steckt, für alles Schlimme an seinem Schicksal tragen zu einem großen Teil Sie die Verantwortung, schieben Sie sie nicht anderen zu, das ist zu bequem ...

Mamma Roma Und was soll ich jetzt machen, verdammt, sagen Sie 's mir ...

Pfarrer Das ist einfach ... Mit Bescheidenheit dort anfangen, wo Sie anfangen müssen, am Nullpunkt ...

Mamma Roma Aber wie macht man das ... Ich weiß es nich

… Ich find, ich bin schon bescheiden genug … Bescheidener gehts nich, wenn man nich verrecken will …

Pfarrer Schicken Sie erst einmal Ihren Sohn als Hilfsarbeiter auf den Bau, ohne falsche Scham … Und mit der Zeit werden Sie sehen, daß auch für Sie ein Lichtlein scheint … Und vergessen Sie nicht, da oben wohnt Einer, der gütig ist … aus Gerechtigkeit!

Das Heiligenbild, zwanzigstes Jahrhundert, guckt ausdruckslos und blöde.

28

Auf der großen Steinplatte hinten an der Straße sitzen zwei, drei Frauen. Vienna schaut und steht auf.

Vienna Verreck, siehst du häßlich aus!

Es ist Mamma Roma, die entschlossen auf ihren alten Platz zusteuert.

Vienna Hat dich die Arbeit so fertiggemacht?

Mamma Roma geht vor ihr entschlossen in Stellung.

Mamma Roma Du mußt mir helfen, machst du bei einer Erpressung mit?

Vienna amüsiert der plötzliche Vorschlag, und sie sagt, halb reserviert, halb schon gewonnen:

Vienna Ich schon! Aber zuerst mußt du noch meinen Freund fragen. Da is er! Er hat mich grade hergebracht! Schnell, ruf ihn, er fährt sonst wieder weg!

Dort drüben sitzt der Zuhälter – einer von denen, die man auf Carmines Hochzeit gesehen hat – in einem Elfhunderter.

Mamma Roma He, Miccia! Komm her!

Miccia Was gibt's?

Inzwischen nimmt Mamma Roma Vienna unter den Arm und führt sie ein Stück beiseite.

Mamma Roma Vor einem Jahr ist hier immer einer vorbeigekommen, der is immer mit Maria la Dentona mitgegangen …

So ’n Fettsack, ein gewisser Cesare … Damals war das hier noch nich dein Standplatz, du hast ihn noch nie gesehn, oder?

Vienna Wer soll das denn sein?

Miccia kommt an, dreist und schnell.

Miccia Na, wieder zurück auf dem Gefechtsstand?

Mamma Roma Nein, nein, ich muß mit dir reden. Ich muß einem eins auswischen. Mit Vienna hab ich schon geredet, die macht mit. Und du?

Miccia Um was geht’s? Um Geld? Wenn’s um Geld geht, sofort!

Mamma Roma Nein, es geht darum, daß er mir persönlich ’nen Gefallen tut. Nur keine Angst, was deiner Braut entgeht, das ersetz ich …

Miccia Is ja gut, jetzt red schon …

Mamma Roma Es geht darum, daß du deine Braut mit einem losschickst, der sie nich kennt … Der Typ hat Geld und könnte meinen Sohn bei sich einstellen … deswegen mach ich das Ganze … Wenn er mit Vienna im Zimmer is … tauchen wir auf … Du tust so, als wärst du ihr Bruder, oder ihr Mann, und ich tu so, als wär ich jemand andrer, deine Schwägerin, was weiß ich, irgendwer … und dann machen wir ’ne Riesenszene … Du fängst an zu toben … ich laß ihn zappeln … nehm ihn mir vor … und dann bleibt ihm nichts andres übrig, dann muß er tun, was ich will … Aber du mußt ihm Angst einjagen … Du mußt so tun, als ob du ihn umbringen willst …

Miccia ist kurz angebunden und hat es eilig wie einer, der alles verstanden hat und alles bestens erledigen wird.

Miccia Schon kapiert, schon kapiert … Ihr müßt alles vorbereiten, ich hab zu tun … Wenn ihr alles vorbereitet habt, kümmer ich mich um den Rest …

Er entfernt sich beschwingt und entschlossen in Richtung Auto.

Miccia Ciao, Mamma Roma! Keine Sorge!

In diesem Augenblick kommen zwei junge Kerle auf einem Motorrad vorbei. Der eine, der auf dem Rücksitz, hat die gleiche Schirmmütze auf wie Ettore, er strahlt über das ganze Gesicht und schreit lachend dazwischen:

Junge mit Mütze He, Mamma Roma! Da!

Und er wirft ihr ein Küßchen zu. Und verschwindet am Ende der Straße.

Mamma Roma sieht ihm ein bißchen gerührt nach. Sie überlegt ein bißchen und wendet sich dann mit fröhlicher Miene an Vienna.

Mamma Roma Vienna ... wo du schon dabei bist, mir 'nen Gefallen zu tun ... Tust du mir noch einen?

Und sie fängt verlegen, ein bißchen verrückt an zu lachen.

Vienna Warum nich? Dazu bin ich ja da – um andern Leuten einen Gefallen zu tun!

Mamma Roma Mein Sohn hat sich verschossen ... na ja, nich direkt verschossen ... in 'ne kleine Verrückte, die für mich aussieht wie 'ne Vogelscheuche ... Aber er war vorher noch nie mit 'ner Frau zusammen ... Sie war die erste ... und deswegen is er an ihr hängengeblieben ... Klar, das hat ja so kommen müssen!

Vienna Die erste Liebe!

Mamma Roma Und du mußt seine zweite sein! Aber du mußt dafür sorgen, daß er die erste vergißt! Nich mal der Gestank von ihr darf übrigbleiben!

Sie stößt Vienna mit dem Ellenbogen an und zwinkert ihr beinahe kindlich zu:

Mamma Roma Du verstehst doch dein Handwerk! Kunst is Kunst!

Vienna Schon dabei! Du wirst sehn, danach spuckt er ihr ins Gesicht!

Mamma Roma sieht sie lachend an: und beide lachen verstohlen und schamlos.

Mamma Roma, Vienna und Ettore stehen aufgereiht da wie die armen Sünder und hören die heilige Messe.
Ringsum die üblichen wohlanständigen Leute. In einer Ecke, mit Frau und Tochter, das Opfer.

Mamma Roma Da steht das Schwein!

Vienna Den werd ich mir kaufen! Pfui Teufel, hat der ein gelbes Gesicht! Is der häßlich!

Ettore neben ihnen sieht wunderschön aus, im neuen blauen Anzug, im weißen Hemd mit Krawatte.
Mamma Roma betrachtet ihn lange liebevoll. Dann stößt sie Vienna mit dem Ellenbogen an.

Mamma Roma Schau meinen Sohn an! Is er nich 'n Goldschatz!

Vienna betrachtet ihn mit tiefem menschlichen Verständnis.

Vienna Sag ehrlich ... du würdest dich ans Kreuz schlagen lassen für ihn, stimmt's?

Mamma Roma Das kannst du mir glauben ... Was willst du mehr vom Leben? Ich glaub, mehr kann man nich wollen!

Vienna Ich möcht auch mal 'nen Sohn, für die Zeit, wenn ich alt bin ...

Der Pfarrer am Altar beendet die Messe. Die Leute bekreuzigen sich und fangen dabei schon an, zum Ausgang zu gehen. Auch Mamma Roma, Vienna und Ettore mischen sich unter die Menge, die hinausgeht, und behalten dabei ihr Opfer im Auge, das sich schlapp mit vorgereckter Brust inmitten seiner kleinen Familie entfernt.

Mamma Roma Los, Vienna ... geh schon, mach zu ... Ciao! Wir sehn uns heut abend!

In einem tristen Stadtviertel aus Schlamm, Staub und Zement steht ein altes, dreistöckiges Haus, vor dem Hintergrund von Mietskasernen.
Mamma Roma, Miccia und Ettore gehen durch die nächtliche leere Straße auf dieses Haus zu.
An einer Ecke funkelt das Neonlicht einer leeren Bar.
Mamma Roma holt ein bißchen Geld aus der Handtasche und gibt es Ettore.

Mamma Roma Da, Ettore, geh und kauf dir 'nen Cappuccino in der Bar da ... Wart da auf uns ... 'ne halbe Stunde, länger dauert's bestimmt nich ...

Ettore, hübsch und gehorsam, noch immer in seinem properen blauen Anzug, gehorcht und geht auf das triste Licht der Bar zu.
Mamma Roma und Miccia haben noch ein paar Meter bis zur Tür von Viennas Haus zurückzulegen.

Miccia Sag mal, wie geht's eigentlich Carmine?

Mamma Roma Was weiß ich! Carmine! Der is glücklich und zufrieden!

Miccia Was haben wir alles zusammen gemacht, ich und Carmine! Und der Idiot hat geheiratet! Hat Anker geworfen! Hmmm, aber ich hab so ein Gefühl, den sehn wir wieder, der taucht bald wieder auf wie ein Gespenst!

Mamma Roma Auch das noch! Der Schlag soll ihn treffen an dem Tag, an dem er sich entschließt, nach Rom zurückzukommen ...

Sie stehen vor der schiefen Haustür; sie öffnen sie und treten in einen dunklen Gang, gehen dunkle Treppen hinauf ...
Das ärmliche Zimmer von Vienna, von dessen Wänden der Putz abbröckelt, wie draußen von der Fassade, in den ewigen Barackenfarben. Das große Bett, die Stühle, die Kommode, kläglicher Zierat.
Der Gimpel, ein gewisser De Angelis, ist in Hemdsärmeln, bereit zum Akt, häßlich, armselig, aufgeregt. Vienna läßt sich fast

leichtsinnig viel Zeit. Sie hat den Kamm von der schmutzigen, unordentlichen Kommode genommen und fängt nun an, dem Freier trotz seiner Halbglatze die Haare zu kämmen. Trottelig, mit fröhlicher Geduld unterzieht sich dieser der launigen Prozedur. Vienna kichert halb tückisch, halb unschuldig.

Vienna Du hast da ja 'n scharfes Muttermal am Kopf!

Der Gimpel umklammert sie an den Hüften.

De Angelis Und was hast du? Hm? Was hast du Scharfes?

Vienna Halt still! Laß mich dich fertigkämmen! ... Nachher darfst du dich im Spiegel ansehn ...

De Angelis (mit absurder Geilheit) Dir macht das Spaß, mich zu kämmen ... Was findest du denn daran so toll?

Vienna Die Läuse!

De Angelis feixt jämmerlich, als Grünschnabel entlarvt.

Vienna Dir gefallen schweinische Frauen, hm? Los, komm her, sieh dich an im Spiegel!

Sie nimmt ihn an der Hand und zieht ihn vor den Spiegel, damit er sich betrachten kann. Er betrachtet sich, und er betrachtet sie, halbnackt in seinen Armen. Er zieht sie an sich. Ein schmutziger Haufen aus vier Körpern, zwei echten und zwei Spiegelbildern.

Auf einen Schlag öffnet sich die Tür, und der Lude tritt ein.

Miccia Aha!

Er sieht die beiden beschaulich an, mit einer gewissen ironischen Distanz.

Dann entstellt ihn die Wut, doch noch hat er sich so in der Hand, daß er Vienna gegenüber den Witzbold spielen kann.

Miccia Dich steck ich ins Irrenhaus, du bist ja schizophren!

Er tritt zitternd auf die beiden zu, die sich voneinander gelöst haben.

So nahe geht er an De Angelis heran, daß ihre Gesichter sich beinahe berühren: starren Auges, mit zusammengebissenen Zähnen.

Miccia Was machst du da mit meiner Schwester?

De Angelis Woher soll ich wissen, daß das Ihre Schwester ist ...

Mit einem brutalen Ruck packt Miccia ihn mit beiden Händen am Hemd.

Miccia Ich hab den Jagdschein! Ich bin verrückt! Wenn ich dich umbring, zahl ich keine Lira, is dir das klar, ja? Ich bring dich um, ich bring dich um!

Und er schüttelt ihn wie ein Schilfrohr. Vienna springt jammernd dazwischen.

Vienna Aber er hat doch gar nichts Schlimmes getan vorhin, der arme Kerl! Laß ihn, willst du ihn ruinieren?

Miccia wendet sich wutentbrannt ihr zu.

Miccia Du hast auch noch den Mut, den Mund aufzumachen!

Paff, und er versetzt ihr eine Ohrfeige, aber eine echte Ohrfeige, die sie der Länge nach unter das Bett wirft. Vienna bleibt verstört am Boden liegen.

Vienna He, was machst du, das is kein Spaß mehr!

Und sie fängt an zu greinen wie ein kleines Mädchen.

Miccia Wie hast du meine Schwester kennengelernt? Wie bist du hier hereingekommen?

De Angelis Wie, wie ich hier hereingekommen bin ... na so halt ...

Miccia Der Heilige Geist hat dich jedenfalls nich hier reingeführt!

Und mit der Ruhe eines irren Automaten geht er zum Tisch, packt ein Messer und brüllt dabei weiter:

Miccia Ich hab dir gesagt, daß ich verrückt bin! Daß ich den Jagdschein hab! Mich sperren sie nich ein! Ich komm mit einem Jahr Irrenhaus davon!

Und er wirft sich mit dem Messer auf De Angelis, der entsetzt aufbrüllt: Aber in diesem Augenblick kommt Mamma Roma herein, die hinter der Tür gelauert hat.

Sie tritt ein und wirft sich zwischen die beiden.

Mamma Roma O Gott! Mi', was tust du da! Hör auf!

Sie kämpft ein bißchen mit Miccia und versucht, seine Hand mit dem Messer festzuhalten.

Mamma Roma Hör auf, hör auf, Mi', mir zuliebe!

Das überzeugt Miccia, und er nimmt das Messer und schleudert es zu Boden, in eine Ecke.
Mamma Roma dreht sich um, um das arme Opfer zu mustern. Sie strahlt auf, ihr Gesicht wird sanft.

Mamma Roma Iiiih, aber den kenn ich doch! Warn Sie nich 'n Freund von Maria la Dentona? Ich weiß das noch, weil ich damals immer heimlich gedacht hab: Wie kann der bloß mit der geh'n! So häßlich, wie die is! Das warn Sie doch, stimmt's?

Vernichtet nickt De Angelis flehentlich ein Ja. Mamma Roma wendet sich Miccia zu.

Mamma Roma Miccia, den kenn ich, das is 'n braver Kerl ... Der hat 'n Herz aus Gold ... Wenn der für jemand was tun kann, dann tut er es, darauf kannst du dich verlassen ...

Vienna Ja, Mamma Ro', sag's ihm nur!

Gespannt, finster, verbittert geht Miccia geradewegs auf die Jacke von De Angelis zu, packt sie und durchsucht sie.
Unterdessen murmelt Mamma Roma, ganz Beschützerin, De Angelis eilig zu:

Mamma Roma Ziehn Sie sich an, ziehn Sie sich an!

De Angelis gehorcht und macht und bemüht sich, wieder in seine Kleider zu kommen.
Unterdessen kontrolliert Miccia drohend die Papiere.

Miccia De Angelis Antonio ... geboren ... in ... mmmmmmmmh ... wohnhaft Via Capecelatro 15 ... Aha! Verheiratet! Du wirst mich noch kennenlernen ... Die Sache is damit noch nich gegessen, das is dir wohl klar ...

Mamma Roma signalisiert dem Opfer, daß er Miccia nicht ernst zu nehmen braucht.

Miccia Ah! Sie sind der Besitzer der Trattoria Ricotta! Hühnchen nach Art des Hauses! Sehr erfreut! Zwanzigtausend Lire trägst du mit dir rum, einfach so! Daß du dich nich genierst!

Er beschlagnahmt die zwanzigtausend Lire und zieht dem Unglückswurm die Jacke über, der sich inzwischen, von Mamma Roma unterstützt, wieder völlig angekleidet hat. Miccia schiebt die Kohle ein.

Miccia Das is für den moralischen Schaden!

Mamma Roma Gehn wir!

Sie nimmt De Angelis und schiebt ihn hinaus: De Angelis folgt ihr und wirft noch einen verwirrten Blick ins Zimmer. Die Tür schließt sich hinter ihnen.

Vienna tritt wutentbrannt auf ihren Macker zu.

Vienna He, du, die Ohrfeige, die du mir gegeben hast, die paßt mir aber gar nich!

Miccia, noch angespannt von seinem Auftritt, sieht sie an, und paff, haut er ihr noch eine, eine noch kräftigere, herunter.

Das Haus von Vienna drängt sich zusammen mit drei, vier anderen Häusern aus dem letzten Jahrhundert an einer Straßenkreuzung gegen den Bogen eines Äquadukts. Davor spannt sich der Ponte del Quadraro über die Eisenbahn, und jenseits der Bahn liegt die funkelnde und finstere Weite eines neuen Stadtviertels. An einer Ecke glänzt das elende Neonlicht der Bar.

Mamma Roma und De Angelis treten aus der kleinen klaffenden Tür.

Mamma Roma Eh, daß Sie sich in eine solche Klemme bringen müssen! Trotzdem, machen Sie sich keine Sorgen ... Der Kerl is zwar verrückt, aber wenn ich etwas sag, auf mich hört er ... Sie brauchen keine Angst haben ...

De Angelis Danke ... danke ...

Mamma Roma Am Anfang hat es ja ganz schön gefährlich ausgesehn! Der Kerl hat schnell was Verrücktes angestellt, das is dem gleich! Der is tatsächlich unzurechnungsfähig, Sie ... Der war im Irrenhaus von Volterra ... zwei Jahre lang ... Wenn ich nich gewesen wär! War das eine peinliche Situation! Das hat mir mein Gefühl gesagt, daß ich da hingehn soll! Zum Glück is die Sache jetzt ausgestanden, Gott sei Dank! ... Aber wo gehn Sie denn hin? Was machen Sie?

Tatsächlich hat De Angelis aufgeregt seine Schritte beschleunigt. Er entfernt sich und biegt um eine Ecke.

De Angelis Ich muß mal ... ich muß mal ...

Er verschwindet hinter der Ecke. Mamma Roma folgt ihm und

bleibt stehen, an die verwitterte Mauer gelehnt. Da trillert sie nun:

Mamma Roma Ah, Sie haben also eine Trattoria ... Is es die schöne, die mit den ganzen Lampions, und wo die Kellner alle angezogen sind wie in den Zeiten von Gioacchino Belli?* Is es die? Da gibt's gar nichts, das is eine von den feinsten in ganz Rom!

Sie denkt ein bißchen nach und senkt dabei die Augen. Dann hebt sie den Blick wieder mit einem seltsamen, glücklichen Lächeln in den glänzenden Augen.

Mamma Roma Halten Sie mich nich für unverschämt! Ich möcht Sie um 'nen Gefallen bitten ... Natürlich nur, wenn Sie können!

Der Mann kommt mit einer etwas entspannteren Miene hinter der Ecke hervor. Er sieht sich seufzend um:

De Angelis O Gott, o Gott ...

Um ihn her die schwarzen Umrisse des Quadraro und das lachende, demütige Gesicht von Mamma Roma.

Mamma Roma Hörn Sie ... Ich hab 'nen Sohn ... ein aufgeweckter, anstelliger Kerl ... Im Moment hat er keine Arbeit ... Könnten Sie da nichts machen? Ich kann ihn nich einfach auf der Straße herumlungern lassen ... Sie haben 'ne Trattoria, Sie können sich schon gar nich mehr retten vor Kunden ... Hätten Sie nich 'ne Stelle, wo Sie ihn unterbringen könnten? Könnten Sie mir nich diesen Gefallen tun?

De Angelis Ich weiß nicht ... Schauen wir mal ...

Mamma Roma (ganz Erpresserin, lachend) Sie wohnen in der Via Capecelatro 15, stimmt's? Ich komm morgen bei Ihnen vorbei ... Und wegen dem Kerl ... nur keine Angst ... Das mach ich schon ... Da is ja mein Sohn!

Ettore ist tatsächlich vor der Bar aufgetaucht, an der Ecke, unter dem strahlenden Weiß des Neonlichts.

* Populärer römischer Dialektdichter, 1791–1863 (Anm. d.. Übers.).

Mamma Roma He, Ettore! Komm her!

Ettore kommt ernst und locker angerannt.

Mamma Roma Stell dich vor ... Der Herr hier wird vielleicht mit Gottes Hilfe dein Chef ...

Ettore streckt dem Mann ernst die Hand hin.

Mamma Roma Er is 'n bißchen schüchtern ... Aber er is anstellig, er is wirklich anstellig ... Gut, gehn wir? Ich begleite Sie ... Wo haben Sie denn Ihr Auto? ...

De Angelis Da hinten ...

Mamma Roma und De Angelis machen sich auf den Weg im Schatten des überhängenden Aquädukts. Dann muß Mamma Roma kurz, versteckt lachen und wendet sich mit diesem Lachen an Ettore.

Mamma Roma Du, Ettore, geh schon mal hoch ... wart oben ... Deine Mama kommt gleich ...

Und sie weist mit dem Kinn auf das erleuchtete Fensterchen von Vienna.

Ettore Und wozu soll ich da raufgehn ...

Mamma Roma Geh rauf, sag ich dir ... Hör auf deine Mutter *(und wieder zuckt ein Lachen über ihr Gesicht)* Geh rauf, du Dummkopf ... Geh rauf ...

Ettore gehorcht und steuert langsam, mit seinen mageren Schultern, auf die klaffende kleine Tür von Vienna zu.

31

Mamma Roma tritt ans Fenster, reißt es auf und blickt heiter hinaus.

Da, im trockenen Licht des Morgens, liegt die Weite der Dächer und Mietshäuser: Rom.

Mamma Roma dreht sich um und sieht zu Ettore hinüber. Er schläft zusammengekuschelt in seinem Bettchen, mit zerzausten Haaren, das kleine Gesicht blaß und zart.

Mamma Roma geht zu ihm hin und rüttelt ihn wach.

Mamma Roma Wach auf! Komm und schau, wie schön draußen die Sonne scheint! Los!

Aber der Junge wacht nur mit Mühe auf: Er hat den festen Schlaf des Heranwachsenden.

Mamma Roma Aber du weißt schon, was heut für 'n Tag is, oder? Du weißt schon, daß du heut Familienoberhaupt wirst, hm? Oder hast du vielleicht keine Lust zu arbeiten? Hm? Hast du vergessen, daß du heut abend anfängst zu arbeiten?

Ettore öffnet die Augen, dreht sich um und sieht sie ein bißchen geheimnisvoll an.

Mamma Roma Hast du mir nichts zu sagen? Bist du nich froh, daß du ein Arbeiter wirst?

Ettore schüttelt den Kopf.

Ettore Nein!

Aber er sagt es lachend: Man sieht, daß er scherzt, daß ihn im Gegenteil der Gedanke an die Arbeit erregt.

Mamma Roma Los, zieh dich an! Hüpf aus dem Bett! Was is, brauchst du 'nen Trompeter?

Sie wirft ihm die Hosen, das Unterhemd vom Bettrand aus zu: Ettore beginnt, sich eilig anzuziehen.

Mamma Roma Sag mal ... kannst du Motorrad fahren?

Sie tut ein bißchen geheimnisvoll, und Ettore betrachtet sie fast ein bißchen beleidigt, halbnackt, während er sich anzieht.

Ettore Klar kann ich Motorrad fahren, da gehört doch nichts dazu.

Mamma Roma Du fährst gern Motorrad, stimmt's?

Ettore Na sicher fahr ich gern ... Warum?

Mamma Roma kann sich vor Freude nicht mehr halten: Sie ist ganz Ekstase. Sie schreit schon fast beim Reden.

Mamma Roma Wie lange du brauchst, bis du 'n Paar Hosen angezogen hast, es geht doch nich aufs Standesamt, los, beeil dich!

Aber unterdessen läuft sie schon voraus, öffnet die Tür, geht die Treppe hinunter und schreit dabei:

Mamma Roma Los, komm runter! Komm runter und schau, was dir deine Mama Schönes geschenkt hat!

Ettore zieht sich fiebernd vollends die Hosen, das Unterhemd an. Mamma Roma steht vor einer Morini, die im Hof an der Tür lehnt.

Alles liegt im glühenden Brei der Sonntagssonne. Ettore läuft die Treppe hinunter, kommt aus der Tür und guckt. Er traut seinen Augen nicht.

Mamma Roma Is es schön? Is es so, wie du 's gern gehabt hättest?

Ettore hat es die Sprache verschlagen: Er berührt das Motorrad, als wäre es ein Idol.

Mamma Roma Ich wette, das Motorrad da is dir lieber als 'ne Frau!

Und sie lacht und lacht. Ettore findet wirklich keine Worte: Er streichelt nur stumm seine funkelnagelneue Morini, zu mehr ist er nicht fähig.

Mamma Roma Deine Mama is 'n Goldschatz, stimmt's?

Ettore findet mühsam, heiser seine Sprache wieder.

Ettore Aber springt es auch an?

Er rückt behutsam das Motorrad von der Mauer weg, schwingt sich darauf und tritt auf den Anlasser. Der Motor antwortet donnernd.

Mamma Roma beobachtet gespannt und glücklich das männliche Wirken ihres Sohnes.

Auf dem Sattel des Motorrads sitzend, mit kühn gespreizten Beinen, wendet Ettore sich ihr zu und sagt, beinahe im Befehlston:

Ettore Steig auf den Rücksitz.

Erstaunt, glücklich besteigt Mamma Roma den Sattel, mit der Gewandtheit und der graziösen Unbeholfenheit eines jungen Mädchens.

Ettore Halt dich gut fest, ja!

Das Motorrad schießt mit einem Satz los.

Mamma Roma He, fahr langsam, setz mich bloß nich auf'n Arsch!

Die zwei flitzen in die Sonne hinein.
Mit ihrem donnernden Krach durchpflügt die Morini die sonntägliche Stille der großen Straßen von Cecafumo.
Mietskasernen, Mauern, Viadukte, Eisenbahngeleise, Mietskasernen …

Ettore Und, fahr ich gut? Was is, hast du Angst?

Mamma Roma Nein, aber fahr langsam!

Ettore Halt dich an meinen Hüften fest, keine Angst! Da, tu die Hände da hin!

Und er schlägt sich auf die Hüften.
Mamma Roma umschlingt ihn in einer richtigen Umarmung: mit ihrer wilden, schwarzen Mähne, die wie eine Fahne im Fahrtwind flattert.

Mamma Roma Ich bin ja nachher ganz zerzaust wegen dir, mamma mia!

Ettore Na und, is doch gleich! Ich hab 'nen Kamm!

Sie fahren und fahren, als wäre der Teufel hinter ihnen her. Vor ihnen fährt ein Sechshunderter.

Mamma Roma Drück drauf, Ettore! Überhol ihn! Wisch ihm eins aus, zeig ihm, wer du bist!

Ettore gibt angespannt noch mehr Gas, um den Wagen zu überholen.

Ettore Diese Hurensöhne, die gehn nich zur Seite, die wollen mich nich überholen lassen …

Aber nach einer Weile hat er Erfolg mit seiner Absicht. Und Mamma Roma dreht sich um zu dem Sechshunderter und zeigt ihm den Vogel.

Mamma Roma Du Depp!

Und sie fahren und fahren: Jetzt über die Appia, die glatt wie ein Billardtisch zwischen den grasgrünen Golfplätzen liegt.

Mamma Roma Hast du's jetzt gesehn, mehr braucht man nich zum Glück! Bloß 'n bißchen Hirn! Und in ein paar Jahren fährst du mich dann im Auto! Bist du gut im Autofahren?

Ettore Ich werd's lernen!

Mamma Roma Ich werd dir zeigen, was deine Mutter aus dir

macht! Die werden dich alle beneiden! Du wärst doch bestimmt gern ein Herrensöhnchen, oder?

Ettore Die Herrensöhnchen sind alle doof, die kann ich nich ausstehn, diese Papasöhnchen, die meinen, sie sind wer-weiß-was, bloß weil sie 'n bißchen Geld einstecken haben!

Mamma Roma Du Miststück, sag mal, bist du etwa Kommunist? Hör zu, wenn du jetzt anfängst, den Genossen zu spielen, bekommen wir Krach, wir zwei! Wenn du dich mit diesen Hungerleidern zusammentust, das sind doch alles Säufer!

Ettore Paß auf, wie ich jetzt die Kurve nehm!

Und ohne auch nur einen Moment über die Worte der Mutter nachzudenken, konzentriert er sich überheblich und infantil auf die nächste Kurve.

Er nimmt sie, ohne auf die Bremse zu treten. Die Felder ringsum öffnen sich wie ein riesiger Fächer.

Mamma Roma fängt an zu singen:

Mamma Roma Blüte irgendeiner Blume,
Wer Geld hat, heißt es, ist ein vornehmer Herr,
Aber Geld zählt für mich nich, für mich zählt das Herz ...

Und das Motorrad schießt in die Sonne hinein.

32

Mama Roma und Vienna gehen eine nächtliche und belebte Straße in Trastevere entlang: Sie gehen stolz, mit vorgereckter Brust, wie zwei junge Freundinnen. Beide anständig angezogen, beide mit ernsthafter Miene. Sie sind an einer Kreuzung.

Vienna Aber müssen wir da jetzt nich nach rechts?

Mamma Roma Nein, nein, da nach links! Meinst du, ich weiß das nich mehr? Du willst *mir* den Weg zeigen?

Vienna Na gut, aber bist du dir wirklich sicher?

Mamma Roma Das kannst du dir ja denken, so oft, wie ich dort schon gegessen hab, meinst du, ich hab vergessen, wo das is? Da is es ja, da hinten, siehst du?

Am Ende der Straße sieht man Lichter funkeln wie von einem Jahrmarkt und in diesem Licht ein Gewimmel von Leuten.
Die zwei schreiten noch entschlossener aus. Und mit einem schlitzohrigen, schamlos-schamhaften Lächeln in den Augen platzt Mamma Roma heraus:

Mamma Roma Sag mal ... Seit dieser Nacht sehn wir uns heut das erstemal wieder ... seit dieser Nacht der Seufzer ... Das war wirklich 'ne Meisterleistung ... Das hättest du sehn müssen, wie wir runtergegangen sind ... Ah, oh, der arme Kerl ... Der hat 'ne ganze halbe Stunde lang gepißt ... Aus Angst ... Der hat sich direkt das Herz aus dem Leib gepißt ...

Vienna lacht, beide lachen wie junge Mädchen.

Mamma Roma Und ... und von meinem Sohn ... von der Nacht, da erzählst du mir nichts?

Vienna Ah, doch, na klar ... Er is brav ran an den Feind! Der hat einen gesegneten Appetit!

Mamma Roma Gut, gut ... Das hab ich schon gewußt ... Aber von Bruna, von der Verrückten, hat er da was gesagt?

Vienna Welche Bruna? Was für 'ne Bruna? Sobald er mich gesehn hat, war's vorbei mit dieser Bruna!

Mamma Roma Aber was hat er denn gesagt, was hat er denn mit dir geredet?

Vienna Tausend liebe Sachen! Daß ich ihm gefall, daß ich schön bin, daß er mich wieder besucht ... Ah! Und dann, weißt du, was er noch gesagt hat? Daß er mit mir am Sonntag in den Zoo geht, die Elefanten anschauen! Er is wirklich noch 'n kleiner Junge!

Mamma Roma Also du meinst, er hat sich diese Bruna aus dem Kopf geschlagen, ein für allemal ...?

Vienna Na sowieso! Sowieso!

Während sie schnell auf die Festbeleuchtung des nun schon ganz nahen Restaurants zugehen, seufzt Mamma Roma erleichtert und hoffnungsvoll auf.
Sie kommen vor dem Lokal an. Eine armselige Menge von Leuten aus Trastevere sieht dem Essensrummel zu. Ein Mann,

gekleidet wie eine Figur von Belli zu Pferd: bunte Karren, Girlanden.
Mamma Roma läßt die Augen suchend wandern: und da, hinter den Tischen, kommt aus einer anderen dunklen Gasse ein Musikant mit einer Querflöte heraus, kostümiert, hinter sich ein Gefolge von Musikern.
Und nun ihr triumphaler Marsch um den Platz mit den Tischen herum: phrygische Mützen, Schabracken, Livreen, Goldgehänge.
Ein Leierkasten spielt, mit einem langen Kerl daneben. Einer verkauft Anhänger, Halsketten, gekleidet wie ein Bandit.
Der Ballonverkäufer mit einem Haufen Luftballons, die wie eine ungeheure Wolke über den Köpfen der Gäste schaukeln.
Die Musikkapelle trottet zwischen den Tischen einher, dringt bis zur Mitte vor.
Dort bleibt sie stehen, und ein Fettwanst fängt an zu singen: Das gesamte Publikum begleitet ihn.
Das Pferd trabt, die Luftballons fliegen.
Gesichter über Gesichter, alles Gäste: amerikanische Millionäre, Industrielle aus Mailand.
Mamma Roma sucht und sucht zwischen dieser Welt in Lumpen, zwischen den mit echtem und falschem Gold behängten Leuten, das Gesicht ihres Sohnes. Und da taucht er schließlich auf mit einem Korb voller Obst, den er auf der Hand balanciert.
Auch er ist in eine Art bunter Uniform gekleidet.
Wie glücklich er ist, wie überschwenglich, wie flink, wie keck!
Der Schopf tanzt über seiner schweißnassen Stirn, während er die Flut der essenden Menge, der anderen hin und her eilenden Kellner durchquert.

Mamma Roma Ettore! He, E'!

Sie brüllt und fuchtelt mit dem Arm. Er bemerkt sie und lächelt ihr zu – ein klares, glückliches, jungenhaftes Lächeln.
Dann widmet er sich wieder ernst seinen Pflichten, im Laufschritt, den kleinen Korb voller Früchte hoch erhoben.

Luftballons, die fliegen, klimpernde Musiker zuhauf, phrygische Mützen, trabende Pferde, schwankende Lichtgirlanden, feine Leute, die essen ...
Und Mamma Roma steht da und weint. Die Tränen ziehen Streifen über ihr Gesicht. Sie verbirgt es. Sie weint wie ein kleiner Brunnen, ganz verloren in diesem Weinen.

33

Carmine geht mit den Händen in den Taschen unter der Sonne die Straße entlang.
Er ist gedankenverloren, schweißgebadet. Die Jugend leuchtet böse aus den Falten des eleganten Anzugs, unter dem schicksalsträchtigen kleinen Schnurrbart hervor.
Er ist schöner als sonst, wirkt verjüngt, als sei er wieder ein Junge geworden.
Er geht, und im Gehen versucht er sich zu orientieren, aber ohne Eile, mit der beinahe unabwendbaren, ruhigen Sicherheit, mit der Vorherbestimmtes seinen Lauf nimmt.
Ganz ruhig, fast mit der Ruhe eines Irren, wendet er sich an zwei Jungen, die an ihm – in der brennenden Sonne – vorbeilaufen: Es sind der Rothaarige und sein Freund, in deren Gesichtern sich immer deutlicher der junge Kriminelle zeigt.

Carmine Du, sag mal, Schwarzer ... Weißt du, wo Mamma Roma wohnt ... Die Roma ... die, die den Obststand auf der Piazza hat ... Die mit den pechschwarzen langen Haaren, mit so einer wilden Frisur ...

Der Rothaarige antwortet ihm träge.

Rothaariger Da is ihr Sohn ... Er spielt grade Fußball ... He, Ettoreeee!

Ettore spielt gerade eine kleine Partie Fußball auf dem kleinen Feld unterhalb der Ruinen, in dem großen Rund, das von dem Aquädukt und den Mietskasernen begrenzt wird. Auf den Ruf des Rothaarigen hin bleibt er stehen, dreht sich um und spielt

gleich wieder weiter. Ruhig, hochnäsig und mitleidslos geht Carmine nun auf das sonnenverbrannte Feld zu.
Im Gehen zündet er sich eine Zigarette an und raucht sie, als vollzöge er eine magische Handlung.
Er steht vor Ettore, mustert ihn beinahe glückselig, schließt dabei halb die Augen.

Carmine He, Ettore! Du bist doch der Sohn von Mamma Roma, stimmt's?

Ettore rennt gerade dem Ball nach und gibt widerwillig und verärgert dem jungen Kerl Auskunft, den er noch nie gesehen hat.

Ettore Na und?

Carmine Wo ist denn deine Mutter? Ist sie zu Hause? Sag mir mal die Adresse ...

Ettore Via Calpurnio Fiamma Appartement 24 ...

Aber Carmine geht noch nicht: Er sieht immer noch den Jungen an.

Carmine Trinkst du gern Wein?

Ettore Na ja ...

Carmine Wenn ich nachher wieder zurückkomm, gehn wir zusammen einen Halben trinken ...

Und selbstsicher, anmaßend in seinem kumpelhaften und väterlichen Ton, dreht er sich um: ruhig.
Er geht wieder los, gedankenverloren, schweißgebadet, in der brennenden Sonne.
Er entfernt sich von dem kleinen Feld, geht an der ausgedörrten schmutzigen Wiese entlang, wo wie immer Bruna sitzt, zusammen mit ein paar anderen Mädchen.
In diesem Augenblick rollt der Ball bis dorthin, verfolgt von den Schreien der Jungen.

Jungen Der Ball, der Ball ... He, du da, der Ball ...

Carmine reagiert nicht. Bruna beobachtet ihn und springt wie eine Irre auf, verfolgt den Ball über die Buckel der ausgetrockneten kleinen Wiese, verliert dabei das Gleichgewicht: holt den Ball ein und gibt ihm mit ihren schwarzen Schühchen einen Tritt.

Der Ball fliegt schief und landet nicht weiter als zwei, drei Meter von ihr entfernt.
Nun schaltet sich Carmine ein. Ruhig legt er sich mit äußerster Genauigkeit den Ball zurecht und schickt ihn mit einem perfekten Tritt in die Mitte des Feldes zurück.

Jungen Danke, Schwarzer!

Carmine entfernt sich, aber nicht ohne vorher Bruna einen klebrigen Blick zugeworfen zu haben, in dem ein unerschütterliches, uraltes Verlangen tobt. Und er spricht sie leise an.

Carmine Schläfst du nackt oder in Kleidern ...?

Bruna Das geht dich nichts an!

Aber Carmine hat gar nicht zugehört und ist schon weitergegangen.
Bruna rennt in die entgegengesetzte Richtung, wieder wie eine Irre, auf den spielenden Ettore zu.

Bruna Ettore! Ettore!

Sie ist schon nahe an Ettore herangekommen, der aber nicht auf sie achtet.

Bruna Du, Ettore, hör mal! Wer war denn der Kerl, der mit dir gesprochen hat ...

Ettore Irgend jemand! *(Aber dann überlegt er es sich anders und lügt)* Ein Kellner aus der Trattoria, wo ich arbeite ...

Und er rennt wie ein Schwälbchen über die kleine Wiese, auf der es von seinen Freunden nur so wimmelt.

34

Carmine steigt die letzte Treppe hoch. Er kommt auf der Etage an, wirft die Kippe weg, klingelt, wartet mit dem süßen Schnurrbärtchen eines jugendlichen Mörders.
Mamma Roma öffnet, sieht ihn – und ihr Gesicht erstarrt zu einer Angstgrimasse. Sie will die Tür wieder schließen, aber schnell wie der Blitz setzt Carmine einen Fuß in den Spalt.

Carmine Was is, siehst du Gespenster?

Dann drückt er die Tür auf und geht hinein. Mamma Roma läuft vor ihm her ins Innere, in das nagelneue Eßzimmer mit neuen, traurigen Möbeln, die wie Särge glänzen. Vor der zitternden Mamma Roma gibt sich Carmine ironisch, spielt ein bißchen den Spaßvogel.

Mamma Roma Was suchst du hier? Was willst du?

Carmine Meinen Frieden!

Mamma Roma hat plötzlich einen Schwindelanfall: Sie wirft sich stöhnend auf das Sofa und bricht in ein hysterisches Weinen aus, das ihr aus den Eingeweiden hochsteigt, und krümmt sich auf den armseligen, grellfarbigen Sofakissen wie ein Tier.

Mamma Roma Weißt du denn nich, daß ich einen Sohn hab ... Weißt du nich, daß ich einen Sohn hab ...

Carmine Eh! Dein Sohn is 'n Freund von mir! Wir gehn nachher einen trinken ... Er wartet auf mich!

Aber Mamma Roma geht ganz in ihrem tierischen Weinen auf: Mehr als gegen Carmine richtet sich ihre Raserei gegen das Leben, das Schicksal. Es bleibt ihr nur die Verzweiflung. Sie spürt ihre ganze Ohnmacht und röchelt vor Schmerz.

Carmine fläzt sich in einen Sessel.

Carmine Heul nur, heul nur, dann geht es schneller vorbei!

Unterdessen zündet er sich eine neue Zigarette an.

Carmine Du kennst mich doch! Meinst du, ich hätt unter diesen Bauern leben können? Das hast du dir doch denken müssen, daß ich eines Tages alles kurz und klein schlag und abhau. Die Schweine laufen in der Wohnung rum, die Hühner scheißen dir aufs Bett ... herrlich! Ich hätt dich sehen wollen an meiner Stelle! *(Und er regt sich auf, als sei sie schuld)* Du wärst schon längst abgehaun! Du hättest garantiert die Mücke gemacht! Ich kenn dich gut, ich kenn dich in- und auswendig!

Unterdessen hat Mamma Roma aufgehört zu weinen: Sie hat sich die Tränen abgewischt, und da steht sie nun, völlig erledigt und weiß wie eine Tote.

Mamma Roma Es gibt doch genug junge Mädchen hier in Rom, warum mußt du ausgerechnet zu mir zurück?
Carmine Besorg doch du mir 'ne Junge!
Mamma Roma Ich? Du kotzt mich an!
Carmine Keine Sorge! Wenn mir der Himmel gnädig is, find ich schon noch mal 'ne schöne Junge! Aber da muß man aufpassen! Weißt du, so eine hat einen schnell ruiniert! Ich will nich in Regina Coeli* enden!
Mamma Roma Aber du weißt doch, daß ich arbeite untertags, ich hab den Stand aufm Markt ...
Carmine Das kriegst du schon hin.
Mamma Roma Hör zu, Ca' ... Wenn du 'nen Teller Suppe willst, den geb ich dir gern, ich bin schließlich kein Unmensch ... Da is 'n Bett, ich jag dich nich weg ... Aber schlag dir aus dem Kopf, daß ich für dich wieder aufn Strich geh.
Carmine Wieso, bist du für mich schon mal aufn Strich gegangen? Du bist aufn Strich, weil du das gewollt hast ...
Mamma Roma Ich hab's dir gesagt. Also: 'n Bett und 'nen Teller Suppe ...
Carmine He, jetzt hör mir mal gut zu, du Stück Scheiße! Denk dran, wie ich dich kennengelernt hab! Total verlaust bist du gewesen! Ich, ich hab dir erst mal beigebracht, was Sauberkeit is! Du hast ja nich mal gewußt, was Unterhosen sind! Ich, ich hab dir beigebracht, daß man Unterhosen anzieht! Ich hab dich zivilisiert! Und ich war dreiundzwanzig, und du vierzig! Ich war 'n gefundenes Fressen für dich, stimmt's! *(Er schlägt sich an die Brust)* Ich kleiner Zwerg! Du, du hast mir erst beigebracht, was Geld is! Wer hat denn Geld von dir haben wollen! Unbedingt hast du mich haben wollen, ums Verrekken hast mich haben wollen! Ich bin aus 'nem Kuhdorf gekommen, ich hab doch nich mal gewußt, daß es solche Frauen wie dich gibt! Und du hast mich ruiniert! Du hast

* Gefängnis in Rom (Anm. d. Übers.).

mich zu einem Luden gemacht! Du! Wie? Stimmt das etwa nich?

Er schüttelt sie mit ganzer Kraft an den Schultern: Er rast, spielt den Rasenden in einer Komödie.

Mamma Roma entwindet sich seinem Griff und rennt wie eine Irre zur Tür und öffnet sie.

Mamma Roma Hau ab! Raus aus meiner Wohnung!

Carmine geht auf sie zu und beruhigt sich wieder.

Carmine Ich weiß, warum du nich wieder aufn Strich willst! Wegen deinem Sohn! Du hast Angst, daß er es erfährt ... Ich sag dir jetzt was: Wenn du nich wieder mitmachst, dann erzähl ich deinem Sohn, dann erzähl ich Ettore, was du für eine bist ...

Mamma Roma bleibt auf der Schwelle stehen und schreit, angesichts der neuen Lage, die Carmines Worte geschaffen haben, mechanisch weiter.

Mamma Roma Hau ab! Raus hier!

Carmine Na gut, dann geh ich jetzt mit deinem Sohn einen trinken ...

Außer sich, wie ein mit Verzweiflung geladener Roboter, wie betrunken, läuft Mamma Roma in die Küche, packt ein Messer und stürzt sich mit dem Messer in der erhobenen Faust auf Carmine.

Carmine schließt mit einem Tritt die Tür und packt Mamma Roma am Arm. Sie kämpfen wie zwei Verrückte. Mamma Roma hat eine furchtbare Kraft, sie will ihn umbringen. Sie stürzen zu Boden.

Schließlich gelingt es Carmine, Mamma Roma das Messer zu entwinden, aber er verletzt sich dabei.

Wutverzerrt holt er nun damit gegen Mamma Roma aus, hebt das Messer in der blutenden Faust.

Mamma Roma, unter ihm ausgestreckt auf dem Boden, starrt es an, mit weißem, schmerzverzerrtem Gesicht, blutbefleckt wie seine Hand.

Die Schar der armen Frauen, wie immer auf der Steinplatte am Ende der Straße der Verlorenen Seelen.
Mamma Roma kommt näher, läuft an ihnen vorbei, stapft voran, hinein in eine neue Etappe ihres Kreuzwegs ...
Vienna in ihrem Rücken betrachtet sie voll Mitleid. Und sagt dann:

Vienna Mamma Ro', komm her, trink 'nen Schluck!

Und sie zieht die übliche Flasche Kognak heraus. Aber Mamma Roma hört nicht hin und läuft weiter. Unterdessen stimmen die Kolleginnen hinter ihr auf der Steinplatte einen Lockgesang an.

Prostitutierte Was rennst du so, meinst du, du kriegst dafür 'nen Orden? Was is, schmeckt dir die Suppe nich? Wir haben sie immer alle brav gelöffelt. Und sind groß und stark davon geworden! Das is alles immer so gewesen, und das bleibt auch so ...

Mamma Roma geht stumm weiter.

Zweite Prostituierte Du kannst rumlaufen, soviel du willst, Mamma Ro'! Das hilft alles nichts!

Mamma Roma geht traurig und geistesabwesend weiter. Nun springt Vienna mit der Kognakflasche in der Hand auf und holt sie ein.

Vienna Nimm, schluck's runter. Schau her ...

Sie nimmt zwischendurch einen Schluck.

Vienna Cincin ...

Dann reicht sie die Flasche Mamma Roma, die sich endlich entschließt, die Flasche packt und einen Schluck nimmt, der überhaupt nicht mehr aufhört.

Vienna Trink, trink nur, genauso, brav! Schick sie alle zum Teufel, die uns Huren schimpfen!

Mamma Roma Warum führst du so ein Leben? Wer is dafür verantwortlich? Das weißt du nich!

Vienna Hm! Du bist doch schon dreißig Jahre dabei, warum fragst du da mich?

Mamma Roma Du weißt schon, daß alles nur deine Schuld is?

Vienna Tausend Dank!

Mamma Roma An dem, was er is, ist jeder selber schuld, das weißt du, ja?

Vienna Komm, das weiß doch jeder! Meinst du, das is was Neues?

Mamma Roma Ja, aber das Böse, was du aus eigner Schuld tust, das is wie 'ne Straße, auf der auch die andern gehn, die, die keine Schuld haben.

Vienna Der arme Ettore! Wie er auf die Welt gekommen is, hat er sie bestimmt nich gehn wollen, diese Straße! Da kannst du sicher sein. Aber wer hat dir diesen ganzen Quatsch bloß in den Kopf gesetzt?

Mamma Roma, betrunken von all dem Kognak, den sie hinuntergestürzt hat, bricht in ein ängstliches Gelächter aus.

Mamma Roma Ein Pfarrer! Er is mir vorgekommen wie 'ne lebende Bibel!

Sie schweigt eine Weile und ist wieder ernst, finster, verstört.

Mamma Roma Ich wollt nich wieder bei Null anfangen. Glaubst du, ich hab nichts begriffen? Verdammter Kognak, du verdammtes Aas, du hast mich besoffen gemacht!

Vienna Addio!

Vienna verlangsamt ihren Schritt, bleibt stehen und geht wieder zu ihren Kolleginnen zurück.

Vienna Deine Gewissenserforschungen kannst du alleine machen!

Mamma Roma geht allein weiter. Und da sie wirklich ein bißchen betrunken ist, spricht sie laut vor sich hin; dabei verzieht sie vor Schmerz das Gesicht und drückt sich den Bauch.

Mamma Roma Achgottachgott, hab ich Bauchweh! Was hab ich bloß gegessen! Herzfett!

Und im Gehen schließt sie mit einem jungen Kerl auf, einem dunklen Typ mit einem Zeitungsschiffchen auf dem Kopf und einer Leiter über der Schulter.

Kleiner Maler Na, du Bauchrednerin!
Mamma Roma Bist du 'n Kunde von mir?
Kleiner Maler Nein, ich bin von Juventus!
Mamma Roma Ich hab schon so viele gehabt, wie soll ich mich da an alle erinnern? Ich bin ja schließlich nich das Einwohnermelderegister! Der erste war mein Mann, der Vater von Ettore ...
Kleiner Maler Zu 'nem Mann hast du's auch gebracht?
Mamma Roma Er war 'n junger Kerl, an dem war alles dran ...
Kleiner Maler Klar, sogar 'n Ersatzreifen!
Mamma Roma Wie wir geheiratet haben, waren wir zwanzig Personen ... Wir sind nacheinander in die Kirche gegangen, der erste um neun und der letzte mittags ... Wir sind im Zehnminutenabstand los, damit niemand was gemerkt hat ... Mein Mann wurde nämlich polizeilich gesucht ... Wie wir geheiratet haben, hat er grade noch ja sagen können, dann haben ihn die Bullen festgenommen ... Und ich bin allein zurückgeblieben am Altar: als Jungfrau!
Kleiner Maler Zum Glück, stell dir vor, er hätt dich vorher noch entjungfert, wie die berühmte Rosina!
Mamma Roma Und weißt du, warum mein Mann, der Vater von Ettore, ein Ganove war?
Kleiner Maler Hm, das geht doch bloß ihn was an!
Mamma Roma Weil seine Mutter eine Wucherin war und sein Vater ein Dieb.
Kleiner Maler Und warum war seine Mutter eine Wucherin und sein Vater ein Dieb?
Mamma Roma Weil der Vater von seiner Mutter ein Henker war und die Mutter von seiner Mutter eine Bettlerin, und die Mutter vom Vater eine Kupplerin und der Vater vom Vater ein Spitzel!
Kleiner Maler Gott erlöse uns von dem Übel!

Und er bleibt stehen, um die Leiter auf die andere Schulter zu legen. Und so faselt Mamma Roma, ganz mit sich beschäftigt, allein vor sich hin.

Mamma Roma Alles Hungerleider, da haben wir das Warum! Klar, hätten sie Geld gehabt, dann wären sie alle anständige Leute gewesen! Wer also is schuld? Wer is verantwortlich?

Zwei junge Kerle nehmen sie mit Gewalt in ihre Mitte. Es sind der Rothaarige und sein Freund: Sie mustern sie eine Weile schweigend, und dann platzt der Rothaarige los:

Rothaariger He, du, Schwarze, machst du Feierabend?

Mamma Roma Nein, ich mach auch Überstunden!

Rothaariger Also, gehn wir!

Mamma Roma Wer hat schuld?

Rothaariger Der Vogel Greif!

Mamma Roma hebt die Augen und die geballte Faust, halb drohend, halb beschwörend, zum Himmel.

Mamma Roma He! Erklär mir das, du, ich weiß nichts, und du bist der König der Könige!

Pech für den, der in Nächten wie diesen eine Frage hat: Alles bleibt, wo es ist, alle gehen dorthin, wo sie hin sollen, jeder kümmert sich um seinen eigenen Dreck, friedlich, wie in einem schönen Traum: Höchstens wird ein Fetzen Papier lebendig, grundlos bewegt vom Wind, der vom Meer kommt – lebt kurz auf – schleift über den lauen Asphalt – und bleibt wieder liegen – verlassen vom Wind, der sich wieder davonmacht, in die Dunkelheit des Meeres, aus der er gekommen ist.

36

Die Stände sehen aus, als hätte man sie niedergerissen, die Planen sind zusammengerollt, die Karren umgestürzt. Ein Heer von Straßenkehrern häuft überall Kehricht auf: Papierkram, Muschelschalen, Strünke.

Die Sonne rötet dies traurige Durcheinander.

Am Ende des Marktes, der sich gerade auflöst, steht ein Haufen untätiger Jungen.

Unter ihnen ist Ettore. Aber er ist kaum wiederzuerkennen:

magerer, finster, anders gekämmt, mit anderen Hosen. Auch raucht er, mit bösem, abgefeimtem Gesicht.
Die anderen sind wie immer: Tonino, Augusto, Pasquale und Carletto und ein paar Neue.
Carletto zählt mit flinken und gierigen Fingern Geld, ein paar hundert Lire, ganz zerfledderte Scheine.
Die anderen beobachten ihn dabei mißtrauisch.
Carletto behält einen Fünfhundertlireschein in der Hand, winkt rasch einem kleinen Jungen, der da steht, und befiehlt ihm im Ton eines Erwachsenen:

Carletto He du, Dickkopf, geh mal in die Bar da und wechsel mir die fünfhundert Lire, los!

Und er hält dem Jungen den Schein hin: Aber schnell wie ein kleiner Falke schnappt sich Ettore das Geld wie im Flug und schiebt es sich in die Tasche.

Carletto He, willst du uns linken? Los, rück das Geld wieder raus!

Ettore Das nehm ich mir, mir steht ein größerer Anteil zu!

Sein kleines Gesicht ist wild, böse: Es ist klar, daß er nicht die geringste Absicht hat, einen Rückzieher zu machen.

Tonino Was heißt hier ein größerer Anteil? Pro Kopf soundsoviel! Warum ein größerer Anteil?

Ettore Weil ihr überhaupt nichts getan habt! Alles hab ich gemacht!

Und er dreht sich brüsk um und geht auf dem Fußweg bergauf die Straße hoch, den sich auflösenden Markt entlang.

Ettore Und wenn ihr das Geld wollt, dann kommt und holt es euch!

Carletto Schau dir den an!

Und mit lebhaften und entschlossenen Schritten folgt er dem Übeltäter, und die anderen hinterher. Er holt ihn ein und packt ihn am Arm.

Carletto Gib mir das Geld zurück, sonst gibt's Stunk, ja!

Ettore reißt sich los und geht weiter.

Ettore Dann gibt es eben Stunk!

Tonino Warum hast du mehr gemacht als wir?

Ettore faßt ihn ins Auge und läßt sich, während er weiter den Markt entlanggeht, gnädig zu einer Antwort herab:

Ettore Hab ich etwa nich den Platz gefunden? Und wer hat euch gesagt, daß dort Eisen und Messing liegt? Ich. Wer war es denn, der euch zur Porta Portese gebracht hat, zu Gennarino er Trovatore, damit wir's loswerden? Ich. Das is 'n Freund von mir, deswegen hat er's gekauft!

Und nach diesen Worten geht er düster, zitternd, verschlossen weiter, im sicheren Gefühl, alles Recht der Welt auf seiner Seite zu haben.

Die anderen, denen seine Argumente momentan die Sprache verschlagen haben, folgen ihm stumm.

So gehen sie am Stand von Mamma Roma vorbei. Auch Mamma Roma ist im allgemeinen Durcheinander damit beschäftigt, wie die anderen ihren Stand abzubauen, ihren Karren zu beladen. Neben ihr sitzt auf einer Kiste, untätig und sanft, mit seinem schmalen Schnurrbärtchen Carmine.

Mamma Roma bemerkt ihren Sohn. Ein Funken Schmerz läßt ihre Augen aufleuchten.

Sie ruft ihn, aber sie weiß selbst nicht weswegen und wie, in welchem Ton sie ihn rufen soll: Ihre Stimme ist vorwurfsvoll, ängstlich, wütend und scheu.

Mamma Roma He, Ettore, wo gehst du hin, was machst du?

Ettore geht ernst weiter, ohne ihr zu antworten, ohne sie auch nur anzusehen.

Mamma Roma Siehst du jetzt, wie toll das Leben ohne Arbeit is? Warum bist du dort bloß weggegangen! Den ganzen Tag auf Achse, wie 'ne verlorene Seele ... Was machst du auf der Straße, sag mir das wenigstens ...

Tonino Aber wir sind doch bei ihm, Signora Ro' ... Keine Angst ... Wir sind auch Menschen ...

Ettore und die Schar der Freunde sind nun auf der Höhe von Mamma Roma. Aber Ettore sieht sie immer noch nicht an.

Mamma Roma Wie du noch gearbeitet hast, hast du wenigstens dein eigenes Geld gehabt! Ich wette, du hast keine Lira in der Tasche, stimmt's?

Und Ettore reagiert überhaupt nicht. Mamma Roma macht einen letzten kläglichen Versuch, ihn zu erweichen, und greift zum Geld. Sie zieht es aus der Tasche und hält es ihm hin.

Mamma Roma Los, nimm die tausend Lire da, sie sind von deiner Mama!

Jetzt bleibt Ettore stehen, sieht sie schief an und sagt mit dumpfer Wut:

Ettore Ich brauch dein Geld nich! Ich komm schon selber zu meinem Geld!

Er wendet ihr den Rücken zu und geht entschlossen davon, mit seinen schmalen Schultern, den sonnenbeschienenen Fußweg entlang.

Jetzt packt Mamma Roma die Wut, und unter den wissenden und abgeklärten Blicken von Carmine schreit sie ihm nach:

Mamma Roma Geh! Geh nur! Aber denk dran, daß man eines Tages für alles bezahlt, was man seiner Mutter antut! Du schämst dich wohl wegen gar nichts mehr, he, du schlechter Vagabund, du Dummkopf! Keinen Funken Stolz!

Und sie beginnt wieder, an ihrem Stand herumzuwerkeln, baut ihn voller Wut ab und brabbelt dabei weiter wild vor sich hin.

Aber ein Hustenanfall läßt sie aufblicken. Es ist Ettore, der hustet, während er sich entfernt; er hustet laut und krümmt sich dabei.

Mamma Roma sieht ihm besorgt nach, mit einem Blick voll mütterlichen Mitleids.

Ettore entfernt sich unter ihren Blicken, schon ist er weit weg. Aber plötzlich sagt Mamma Roma:

Mamma Roma Du, Carmine, tu mir einen Gefallen ... Bring du mir die Sachen zurück ... und bring den Karren ins Magazin ... Sei so gut ...

Ganz, ganz ruhig erhebt sich Carmine von der Kiste und baut gehorsam den Stand ab. Während er träge vor sich hinarbeitet, singt er halblaut: ironisch, aber zugleich irgendwie voll schicksalhafter Anteilnahme, voll Verständnis für die schmerzlichen Dinge im Leben, die er vor Augen hat.

Carmine Liebste, Liebste, Liebste mein,
Mit dir leid ich Kummer und Schmerz …

Mamma Roma macht sich auf den Weg, schleicht in weitem Abstand hinter Ettore und seinen Freunden her, voll nutzloser Sorge, nutzlosem Kummer.

Hinter dem sonnendurchglühten Markt, durch den der Wind und die Straßenkehrer streifen, wird die Straße auf eine unabsehbare Strecke leer.

Und dahinten große Wohnhäuser, Riesenmauern, die im Licht verschwimmen.

Mamma Roma geht hinter der Gruppe her.

Die streiten da vorn, machen dabei große Gesten; vielleicht haben sie die Auseinandersetzung von vorhin wiederaufgenommen.

Nein … im Gegenteil, sie wirken fröhlich … Da sind sie, da hinten, und sie lachen und lachen, halten sich die Bäuche vor Lachen …

Dann gehen sie wieder weiter, schneller. Auch Mamma Roma beschleunigt ihren Schritt, ihren Sohn fest im Blick.

Da … da rennt plötzlich einer los … und die anderen hinterher … Wo sie bloß hinlaufen?

Mamma Roma Wo laufen die bloß hin, diese Hosenscheißer …

Da, jetzt biegen sie um eine Ecke. Jetzt kommt auch Mamma Roma beinahe im Dauerlauf dort an, geht um die Ecke und sieht die Gruppe der Jungen stehen, dort hinten, bei den drei oder vier Jahrmarktsbuden: ein Karussell, das stillsteht, ein Tischfußball, an dem niemand spielt, zwei Schießbuden.

Zwischen Mamma Roma und den Jungen erstreckt sich eine weite Fläche von roten Hügelchen – Erdhaufen einer alten Baugrube, die infolge einer reumütigen Sinneswandlung irgendwann dort liegengelassen wurden zwischen dem Abhang mit den Ruinen und dem graslosen, kleinen Feld. Langsam, ganz langsam hat zartes Unkraut sie bedeckt, kümmerlicher, blasser Fen-

chel, und verschiedene Schichten Müll haben die kleinen Täler zwischen einem Hügelchen und dem andern aufgefüllt: Und Unkraut und Müll lassen nun diese Buckel einmal trauriger, einmal fröhlicher aussehen, je nachdem.
Die Jungen, denen Mamma Roma nachschleicht, haben ein bißchen roten Staub aufgewirbelt, als sie über die Hügelchen rannten; und dieser rote Staub hängt nun dort oben noch in der Luft, wie ein Stück blutbefleckter Gaze, das der Regen ausgewaschen oder die Sonne ausgebleicht hat. Rosa geworden oder beinahe gelblich. Kräftiger hingegen leuchten das Rosa und Gelb der kleinen und großen Häuser, die im Hintergrund wie die Zacken einer Säge in den Himmel ragen, in den Himmel des Quadraro.
Mamma Roma beginnt, diese hügelige Fläche zu überqueren, rutscht ein bißchen, krabbelt ein bißchen auf allen Vieren, die Haare über den Augen. Sie streicht sie hie und da zurück und schaut, was diese unruhigen Affen da drüben bei den Jahrmarktsbuden machen.
Man könnte meinen, jenseits dieser Hügel, rot wie die Gebirge der Planeten, scheine ein anderes Licht, ein anderer Tag, unter einer anderen Sonne und unter anderen Wolken. Und dort ist Ettore, in ihrer Mitte.
Dickköpfig, wie sie ist – gezwungen, ihrem Sohn nachzusteigen wie ein Polizist oder eine Tunte –, kämpft sich Mamma Roma voran, und sie sieht auch ebenso verbiestert aus wie ein Polizist oder eine Tunte – verbissen, finster, verschwitzt. Und die dort drüben, Teil eines anderen Lebens, kaum aus dem Nest gekrochen und doch schon alterfahren, verloren in *ihrem* Cecafumo, verwachsen damit. Aber da, auf einmal, sausen die Jungen unberechenbar wie tolle Böcke los und flitzen davon, rennen nun auch von den Schießbuden weg und verschwinden hinter den Jahrmarktsbuden.
Mamma Roma rennt ihnen hinterher, kommt zwischen den Buden an und umrundet das Karussell.
Drei Staubvorhänge, zwei, drei Meter hoch, drehen sich konzentrisch in der kleinen Wiese ohne Gras (und voller Staub): Sie sind

nicht rot, obwohl ihre Grundfarbe Rot ist, wie die Flammen bestimmter Hölzer oder wie Wassermelonen, sondern tiefgelb, mit einem kräftigen Ocker an den aufgeblähten Stellen, einem Ocker, das an das erdige Grau der Wolken grenzt (die darüber hängen wie umgekehrte Sägen, mit ihren düsteren Rändern). Die drei Vorhänge jedoch werden blaß an ihren fransigen Rändern, die symmetrisch auf den Kopf gestellt die Ränder der Wolken widerspiegeln, die tief im strahlenden Himmel des Quadraro hängen. Dann lösen sich die drei Staubkreise auf, eine Tangente löst sich, ein Schweif, und die Kreise werden Streifen, immer kleinere Streifen, bis sie dort unten über dem Asphalt verschwinden; aber verschwunden sind auch die Motorräder der Jungen, jenseits der Bögen des Aquädukts, mit ihrem leichten Dröhnen.

37

Die drei Motorräder, mit sechs Jungen auf den Sitzen, rasen die große Straße entlang, die die Farben der Einsamkeit trägt, der traurigen Mittage an Orten des Schmerzes.
Als brächen sie in ein Heiligtum ein, durchbrechen die Motorräder der Jungen diese Stille, auf ihrer Flucht, in ihrem Übermut.
Auf einmal, aus einer plötzlichen Eingebung heraus, hält Ettore schlagartig an.
Und da steht er nun, mit den gespreizten Beinen auf dem Motorrad, das er nur mit Mühe beherrscht und im Gleichgewicht hält.
Er blickt düster, scheel auf ein großes rosafarbenes Gebäude, das Krankenhaus mit seinem Haupteingang.

Tonino Was is, du hältst? Warum hast du denn angehalten?

Die anderen Motorräder drehen eine Schleife, als tanzten sie die Sarabande, kommen zurück, auf das Motorrad von Ettore zu.
Ettore läßt plötzlich den Motor wieder an und flitzt wie ein Blitz zu einer Seitenstraße.
Dort, gleich nach der Kurve, hält er. Gleich daneben steht ein Pissoir aus Stein.

Dort, vor dem Pissoir, hält Ettore wieder.

Tonino Sag mal, warum fährst du denn so stotternd? Hör zu, du bist hier nich der Boß!

Die beiden anderen Motorräder kommen herangerast und bremsen kreischend neben dem von Ettore.

Pasquale Sag mal, du willst uns mit deinem Fieber wohl anstecken? Hält der ausgerechnet vorm Krankenhaus! Willst du in die Notaufnahme?

Ettore zieht mit einem Ganovengesicht eine Zigarette heraus und zündet sie an.

Ettore Ja, ich geh tatsächlich ins Krankenhaus ... Ihr könnt ja mit, wenn ihr wollt!

Pasquale Und was sollen wir im Krankenhaus? Die Kranken aufs Töpfchen setzen?

Pasquale ist guter Laune, aber die anderen mustern Ettore voll Wut. Ettore steigt vom Motorrad und geht ganovenhaft, rauchend, ins Pissoir.

Ettore Ah, wenn ihr mitkommen wollt, kommt mit, wenn nich, geh ich allein, ich hab keine Angst.

Er steht allein im Pissoir. Jetzt, da er allein ist, verliert er ein bißchen den ganovenhaften Ausdruck, baut ein bißchen ab, taumelt unter dem hohen Fieber, das ihn überfallen hat, hustet.

Caretto Sag mal, bist du verrückt? Ins Krankenhaus! Müssen wir immer nur dahin? Meinst du, das is der Quell von San Patrizio?* Wir waren jetzt schon fünfmal da, die haben jetzt auch schon was gespannt ...

Ettore Is doch mir egal! Die knöpf ich mir trotzdem vor!

Aber er ist ganz erschöpft von der Anstrengung. Er starrt vor sich hin: auf das Mäuerchen mit den Kreideschmierereien ... auf den Himmel ... Er schwankt ... Er spuckt angewidert die Zigarette aus, läßt sie in das schmutzige Wasser zu seinen Füßen fallen ... Und starrt, starrt vor sich hin ... und sieht im Fieberwahn ...

* Unerschöpfliche Geldquelle (Anm. d. Übers.).

... Die Elefanten, die langsam und erschreckend auf ihn zukommen, aus einer Straße heraus, die man nicht erkennen kann, Straße oder Steppe, auf ihn zukommen mit erhobenen Rüsseln ... während weit weg die Freunde weiterreden ...

Carletto Wegen uns kannst du machen, was du willst, wir fahren! Meinst du, wir wollen uns schnappen lassen? Los, wir fahren, der Arme, der fiebert ja, den können wir vergessen ... Und außerdem is es jetzt schon spät, die Besuchszeit ist gleich um, was sollen wir da noch?

Ettore verläßt das Pissoir, geht direkt auf das Krankenhaus zu und dreht sich dabei zu Tonino um.

Ettore He, Tonì, du und ich, wir gehn, los! Diese Schlappschwänze!

Tonino trottet hinter Ettore her, komisch unentschlossen.

Tonino Ich komm mit, E', was soll's! Aber beeilen wir uns, gleich klingelt's, dann is die Besuchszeit um ...

Während Carletto und die anderen wegfahren, stiefelt Ettore auf den Eingang des Krankenhauses zu.

Auf dem trockenen Asphalt, da, hinter den Anlagen, die niemandem gehören, sind wieder die Elefanten des Fiebers.

Jetzt sind sie unentschlossen stehengeblieben, so als hätten sie lange geweidet und seien nun satt oder als seien sie übereinander eingeschlafen. Sie bewegen sich nur ganz wenig, hie und da, so, als verjagten sie die Fliegen.

Sie stehen gleichzeitig rechts und links vom Garten: und denken nach, mit gesenkten Häuptern und hängenden Ohren, denken über irgend etwas nach, hüten ein altes Geheimnis der Wälder oder der Wüsten. Ettore geht mit seinen schmalen Schultern auf sie zu und behält sie fest im Blick: Aber mit jedem seiner Schritte rücken sie boshaft ein Stück zurück, auf das Empfangsgebäude zu, und dabei werden sie immer größer, groß wie Wüstendünen. Zudem verlieren sie mit jedem Schritt ein wenig von ihrer dunklen Farbe, werden sandfarben, verblassen vor dem Putz des Krankenhauses: Aber ihre Umrisse, die Ränder ihrer gekrümmten Rücken, ihrer Rüssel, ihrer Schweineschwänze glühen auf, werden langsam zu feurigen Strichen. Die Leiber der Elefanten werden zu Mustern, Mustern aus zusammengedrängten Elefanten, Strichmustern aus weißen, blendenden Feuerlinien. Dann wird aus diesem Feuer ein langer Pfiff in den Ohren von Ettore, der dem gehorcht, der ihn aus Guidonia weggeführt hat und ihn nun in das Krankenhaus von Tomarancio führt.

38

In der traurigen und jämmerlichen Menge, die durch den Eingang und den Hof aus und ein geht, schmuggeln sich die zwei Jungen einfach ein; sie bemühen sich nicht einmal besonders, die braven Jungs zu mimen.

Tonio ist ein bißchen besorgt, aber nur ein bißchen: Sein kleines Gesicht ist bar aller Skrupel. Er spricht vor sich hin, wie ein Mönch, der seine Gebete hersagt, ohne auf den Bruder an seiner Seite zu achten.

Tonino Paß auf, daß du keinen Quatsch machst ... Es gibt welche, die tun so, als würden sie schlafen, schlafen aber gar nich ... Keiner kommt sie besuchen ... und deswegen schämen sie sich und tun so, als ob sie schlafen würden ...

Durch den Eingang sind sie nun in einen tristen kleinen Hof mit abgestorbenen Hecken gekommen. Tonino betet weiter seine Homilie herunter.

Tonino Paß auf, was du klaust, hörst du ... Nich, daß du Kekse mitnimmst oder ein Paar alte Pantoffeln ... Viele haben ihren Geldbeutel auf dem Nachttisch, unter der Konsole ... oder auch unterm Kissen ... Das letztemal haben wir uns 'ne goldne Uhr geholt ... Damit haben wir dreißigtausend gemacht ...

Während sie so reden, schmuggeln sie sich unter die Leute und betreten das Krankenhaus.

Sie gehen nun einen glänzenden traurigen Korridor mit weißen Wänden entlang. Tonino setzt seine Litanei fort, einfach aus Gewohnheit und um endlich zum Amen zu kommen.

Tonino Ah, jetzt fällt mir was ein ... Da is einer, der hat ein schönes kleines Radio ... ganz weiß ... Du wirst ihn gleich sehn, ganz hinten im Saal ... Es is einer, der im Sterben liegt ... Er hat schon dreimal die Letzte Ölung gekriegt ... Ein Rothaariger, mit einem häßlichen Gesicht ... Ich zeig ihn dir, und du klaust es ihm ... Mich haben sie nämlich schon zu oft hier reingehn sehn ... Ich wette, sie haben schon Lunte gerochen ...

Tatsächlich steht da vor einer Glastür ein Krankenwärter mit einem dummen Gesicht, der sie ansieht.

Aber die zwei gehen weiter und betreten den Krankensaal.

Eine lange Reihe jämmerlicher schmaler Betten, und auf den Betten die Körper der Kranken: zusammengekrümmt unter der weißen Decke, ausgestreckt auf dem Rücken, sitzend, apathisch, mit herabbaumelnden Armen ...

Bildnisse des Elends, des Leidens und des Todes. Mit ihren bleichen Gesichtern, ihren ungekämmten Haaren, ihren Bartstoppeln, dem Husten ...

Die beiden Jungen gehen an diesen Bettgestellen, an diesen Körpern vorbei, die bereits aussehen wie Leichen.

Tonino Der is es, siehst du ihn, den Dudelsackpfeifer?

Er macht ein gleichgültiges Gesicht und deutet mit dem Kinn auf den rothaarigen Kranken, der allein daliegt und Zeitung liest.

Tonino Siehst du jetzt, wie häßlich der is? Ich könnte 'ne Wut auf ihn kriegen!

Im Bett neben dem rothaarigen Kranken liegt ein armer Kerl, umgeben von einem Haufen von Verwandten, die noch bleicher und abgezehrter aussehen als er.

Tonino So ein Glück! Haben wir einen Massel! ... Wenn wir's schaffen, dann müssen wir dem da ein Dankschreiben dalassen, mit der ganzen Sippschaft, die er da um sich herum hat …

Sie schauen sich um: Alles sieht so aus, als müßte der Coup gelingen.

Tonino Los, mach schon …

Ettore geht wie ein Schlafwandler, halluzinierend und stumm, auf das Bettgestell des rothaarigen Kranken zu …

… Er mischt sich unter die Sippe, die um das Bett des anderen Kranken herumsteht … markiert den Gleichgültigen, tut so, als sei er ein Besucher; zieht den Rotz hoch …

… Dann nähert er sich dem kleinen Radio, streckt langsam die Hand aus … nimmt es …

Tonino sieht sich um: An der Tür ist der Krankenwärter aufgetaucht, den sie vom Korridor aus gesehen haben, begleitet von einem Kollegen. Erschrocken macht Tonino sofort zwei Schritte auf Ettore zu.

Tonino Leg es hin, E'! Leg es zurück auf seinen Platz! Los, verfluchte Scheiße, leg's zurück auf seinen Platz!

Ettore begreift nicht. Statt dessen dreht sich der rothaarige Kranke instinktiv um, schaut, riecht Lunte.

Rothaariger Kranker Heee! Das Radio! Krankenwärter, Krankenwärter, haltet den Dieb!

Alles dreht sich um, auf den ungemachten schmalen Betten. Die Krankenwärter kommen angelaufen. Tonino haut ab, mischt sich unter die Besucher. Ettore legt mechanisch, als sei er nicht ganz da, das kleine Radio zurück auf den Nachttisch.

Rothaariger Kranker Der wollte mich beklauen, der wollte mir das wegnehmen! Haltet den Dieb!

Die Krankenwärter halten Ettore am Kragen fest und packen ihn an den Armen. Ettore bleibt passiv, sieht sie an und halluziniert dabei weiter.

Eine Zelle im Sesto Transito.* Ettore liegt ausgestreckt auf seiner Pritsche. Er bewegt sich nicht, betrachtet die Decke. Stumm.
In der Zelle sind Mitgefangene: fünf Messerstechergesichter, von achtzehn bis vierzig, junge Ganoven und alte Diebe. Einer von ihnen singt, auch er liegt ausgestreckt auf dem Bett. Ein Lied vom Tod. Hier ist es:

Habt Mitleid mit der Mutter,
Die ihren Sohn verlor.
Er starb in der Blüte der Jahre
Im Kerker ohne Schuld ...

Ich steh am Morgen als erste
Vor dem Gefängnistor,
Ich arme Mutter verlor
Den Sohn in der Blüte der Jahre ...

Mein holder Sohn, was schweigst du,
Es ist deine Mutter, die ruft,
Ich Mutter schreie nach Rache
Für meinen Sohn in der Gruft ...

Ich möcht ein Grab mir graben
Nur einen Schritt von dir,
Dort meine Gebeine begraben,
Dann bin ich immer bei dir ...

Unterdessen spielen zwei andere Sträflinge Karten. Der vierte geht die Zelle auf und ab.
Und der fünfte, den man nicht sieht, steckt in einer Ecke hin-

* Abteilung des Gefängnisses Regina Coeli (Anm. d. Übers.).

ter einer aufgespannten Decke, einer Art Vorhang: auf dem Abort.

Und Ettore liegt stumm da, die Augen auf den weißen Verputz der Decke gerichtet.

Der fünfte Mann kommt aus dem Abort heraus – der Klagegesang des ersten Sträflings begleitet ihn – und zieht sich dabei die Hosen hoch und knöpft sie sich zu.

Einer von den Kartenspielern hebt die Augen und sagt:

Blonder Sträfling Zünd das Papier an im Abort, sonst müssen wir den Gestank bis heut abend aushalten!

Der zweite Kartenspieler (der hie und da mit dem Sänger mitpfeift) setzt hinzu:

Schwarzhaariger Sträfling Was frißt du bloß, daß du so stinkst! Wir kriegen doch gar nichts zu essen!

Dürrer Sträfling Broccoli!

Eine kurze Stille, ausgefüllt von den trübsinnigen Worten des Klagegesangs.

Der dürre Sträfling wirft einen Blick auf Ettore: Er ist ein Mann um die Vierzig, mit einem alten, vom Hunger ausgezehrten Gesicht, und er hat ein Taschentuch um den Kopf gebunden.

Dürrer Sträfling Keiner sagt was!

Kurze Stille, ausgefüllt von der Trauerweise.

Dann lacht der schwarzhaarige Sträfling kurz auf, versteckt und wild:

Schwarzhaariger Sträfling Der denkt an seine Elefanten ... *(kichert)* Ah ... *(Er seufzt)*

Kurze Stille, ausgefüllt von der Trauerweise ... Der blonde Sträfling wirft Ettore einen schrägen Blick zu.

Blonder Sträfling Wird schon gut werden!

Wieder kurze Stille.

Dann hört man Lärm, Eisengeklapper, draußen, im Korridor.

Der dicke Sträfling unterbricht sein Hin- und Hergelaufe, tritt aus seinem Zustand der Sprachlosigkeit heraus und verkündet schicksalsergeben:

Dicker Sträfling Essensausgabe!

Alle nehmen ihre Eßnäpfe, die an der Wand hängen, und wischen sie mit der dreckigen Serviette ab. Dann gehen sie vor der Tür in Wartestellung.

Ettore bleibt bewegungslos auf dem Rücken liegen: stumm.

Dicker Sträfling Heut is Donnerstag: Reis und Bohnen!

Die Tür geht auf, und in der Öffnung tauchen auf: der große Topf, gezogen von einem Kalfaktor, und zwei Wärter, einer, der die Tür im Auge behält, und ein anderer mit der Schöpfkelle in der Hand.

Während der Wärter die Eßnäpfe füllt, singt der Sträfling, der das Lied geträllert hat, weiter, allerdings in einem anderen Tonfall:

Wird abends das Tor dann geschlossen,
Weist mich der Totengräber hinaus ...

Alle haben ihre Ration bekommen.

Ettore hat sich nicht bewegt.

Einer der Wärter sieht wütend zu ihm hin.

Wärter He! Suppe!

Ettore scheint ihn nicht zu hören, zuckt nicht mit der Wimper.

Wärter Jetzt ißt du schon seit zwei Tagen nichts, du Lappen! Du willst wohl, daß ich Schwierigkeiten krieg? Ich mach Rapport, wenn du nich ißt, is das klar?

Und Ettore bleibt stumm wie ein Toter. Den Wärter beleidigt dieses Schweigen:

Wärter Gib Antwort, du Idiot, du Sohn einer ...

Ettore springt auf: Er packt den Napf und schleudert ihn auf den Wärter. Und dann stürzt er sich mit gesenktem Kopf auf ihn.

Wie ein Irrer in einem Alptraum fängt er an, den Wärter mit Faustschlägen und Fußtritten zu traktieren.

Der Wärter, mit Wucht ins Gesicht getroffen, weicht zunächst zurück und fängt dann seinerseits an, auf den Jungen einzuschlagen. Und der andere Wärter hilft ihm.

Wärter Die übernehm ich nich mehr, die Verantwortung! Der gehört in die Zwangsjacke! Ruf den Doktor an, was wir machen sollen! Dir zeig ich's, du wirst schon sehn, du nimmst noch Vernunft an, du verrücktes Aas!

Ettore reißt sich los, tobt, zwischen all den Händen, die ihn festhalten, wie ein Fischchen im Netz.

41

In der Zelle ist nichts. Nur ein Oberlicht, durch das der Mond scheint.

Hier ist nichts. Der Boden, die hohen Wände, die Decke. Und ein Bett aus Zement mit einem Loch in der Mitte.

Ettore ist auf das Bett aus Zement geschnallt. Halbnackt, nur in Unterhosen, so wie er war, als er zu schreien begann. Er sieht aus wie ein kleiner Christus am Kreuz, mit ausgebreiteten Armen, angeschnallten Handgelenken: Auch die Füße sind angeschnallt, und ein Gurt spannt sich über seine Brust.

Er schreit noch immer: brüllt wirre Worte, wirft sich ruckartig, tobend, immer wieder hoch.

Ettore Hilfe ... Warum habt ihr mich hier reingesteckt ... Warum? ... Hilfe ... Mir tun die Arme weh ... Hilfe ... Hilfe ... Ihr verdammten Schweine!

42

Alles wie vorher, wie vor zwei, drei, vier Stunden.

Ettore liegt da und jammert und schreit und windet sich, wirft sich hartnäckig mit dem Rücken hoch, drückt den Bauch nach oben – den einzigen Körperteil, der von Fesseln frei ist – und fällt immer wieder zurück auf den Zement.

Durch das Oberlicht fällt ein bißchen stärker der weiße Lichtschein des Himmels herab.

43

Alles so wie vor vier, fünf Stunden.
Aber nun dringt ein erstickendes Licht in die weiße Zelle.
Und Ettore liegt nun stiller da. Er atmet kaum, die Arme geöffnet auf dem Tisch aus Zement.
Er schreit nicht, windet sich nicht mehr. Er bewegt nur den Kopf von rechts nach links, von links nach rechts, und ein schwaches Wimmern kommt aus seinem ausgetrockneten Mund.

44

Tatsächlich, der Morgen graut, hervorgequollen aus den alten Brustwehren der Welt, und hängt nun weiß über Regina.
Ganz Rom, bis hin zu den entlegensten Häusern des Tusculano, liegt, bevor es erwacht, passiv in diesem Licht.
Die zerlegten und auf Handkarren geladenen Buden in Cecafumo sind noch ganz naß vom Tau: und warten in Reihen – während um die Ruinen oben auf der Wiese bereits ein noch kaltes, melonenfarbenes Feuer lodert: das Leben.

45

Mit feierlichem Gesicht und schwimmenden Augen – wie wenn man sich freut und gleichzeitig ein wenig schockiert ist, weil man über irgend etwas wirklich Seltsames staunt –, so geht Mamma Roma auf einer staubigen Straße oder über einen staubbedeckten Platz. Sie ist ganz zerzaust, die Haare fallen ihr ins Gesicht, und sie betrachtet ihre Füße, die beim Gehen über diesen Staub streifen und kleine Wolken aufwirbeln, schwere, ausgeformte, massive, goldfarbene Wolken.
Es weht kein Wind, und die Staubwölkchen steigen nicht

hoch: Sie bleiben über dem Boden stehen, wie ganz feine Spitzenkißchen.
Vor ihr liegt eine weite Ebene, die aussieht, als sei sie aus Blut: Aber das Blut ist hell und zart, feine Gazeschleier verhüllen es oder ein Rauchschwaden, der wie ein Nebel über dieser weiten Ebene hängt, aus der er aufsteigt.
Mamma Roma geht und geht – auf diese weite Ebene zu, die mit jedem Schritt weiter von ihr wegrückt. Sie ist unruhig: In ihren Augen und um ihren halbgeöffneten Mund liegt nicht nur das beinahe freudige Erstaunen, sondern auch ein Hauch von Leid, der seltsamen Lage wegen, in der sie sich plötzlich befindet. Und sie geht auf diese Ebene zu, als sei sie müde, so, wie sie schwitzend ihren Karren zum Markt zieht.
Aber mit jedem Schritt, mit dem sie sich dieser blutfarbenen Ebene nähert, wird diese allmählich blau und blauer.
Die Augen von Mamma Roma füllen sich nun wieder mit einem heiteren Leuchten, erleichtert begreift sie.

Mamma Roma Das Meer!

Sie sagt es zu sich selbst, aber so wie eine Schülerin, die vor der Lehrerin steht und plötzlich die Bedeutung einer Figur an der Tafel begreift: Eine fast schüchterne Dankbarkeit bricht aus ihr hervor.
Was für ein zarter, inniger Sommernachmittag!

46

Ettore schläft auf jener Liege, auf seinem neuen Bett, auf dessen Zement das Licht ein brüderliches Etwas gefunden hat, auf dem es sich verbreiten und glänzen kann. Er schläft ganz angespannt, und die harten Gürtel umklammern diese so zarten Handgelenke und Fesseln. Aber er schläft wie ein Toter in diesem Licht, und seine Lider sind fest geschlossen, wie mit Eisendraht vernäht.

Mamma Roma beugt sich über Ettore und spricht ihn an.

Mamma Roma Ettore! He, Ettore!

Sie ruft ihn mit der Ungeduld, die zu den häßlichen Momenten ihres täglichen Lebens gehört, mit der brutalen Ungeduld einer Hure.

Er sieht sie an wie ein Küken, von seiner Bettstatt aus, und sie packt ihn an den Schultern und rüttelt ihn auf.

Mamma Roma ist schon an der Tür, und sie sieht vom Türstock aus zu ihm hinüber.

Mamma Roma Los, beeil dich, sie warten schon auf uns.

Und sie geht hinaus und verschwindet im Korridor.

Ettore richtet sich auf, ganz außer sich; er möchte sich anziehen, aber es gelingt ihm nicht. Die Hände und Beine tun ihm weh. Es gelingt ihm, sich vom Bett hochzustemmen und wie ein Würmchen auf den Stuhl zuzukriechen, wo die Kleider auf einem Haufen liegen. Auch die kleine Schirmmütze liegt da.

Ettore dreht den Hals zur Tür.

Ettore He, Ma', wart auf mich!

Er schafft es mit Müh und Not, in die Kleider zu kommen, er zwängt sich in sie hinein, ihn schmerzen alle Knochen, er geht zur Tür, und dann verläßt auch er das Zimmer.

Da vorn geht seine Mutter, ganz dunkel mit ihren pechschwarzen Haaren.

Sie läuft mitten durch eine Ebene, flach wie ein Sumpf ohne Wasser ... Das Gras ist niedrig und dürr, übersät mit jenen kleinen weißen Blümchen, die im späten Frühjahr wachsen, und bis zum Horizont zeichnet sich die Ebene ab, groß wie ein Flugplatz, scheinbar bedeckt von einem leichten, grauen Schnee.

Die Berge im Hintergrund, wie Inselchen im Himmel, sind blau.

Längs der Straße ziehen sich verwitterte, kniehohe Mäuerchen hin und hie und da vertrocknete, staubweiße Hecken.

Es ist eine Ebene, in der verstreut Dörfer und Flecken liegen, von armen Leuten, die keine Bestimmung haben. Ganz hinten links, oberhalb steiniger, grau bewachsener Böschungen, sieht man zwei, drei Bauernhütten liegen, auch sie grau, steinern, mit zerfallenen Dachtraufen und zerbröckelten Dächern.
Mamma Roma und Ettore laufen, laufen eilig auf ihr Ziel zu.
Und nun sieht man, entlang der Straße, wie eine Wundererscheinung, hinter dem kniehohen Mäuerchen – und einem Graben, so grün und feucht, als sei unversehens der Frühling wiedergekehrt – Häuserreihen, kleine, moderne, beinahe durchwegs ungekalkte, unverputzte Häuser, von denen nur hie und da eines gelblich oder rosa verputzt ist, wie ein kleines Eigenheim. Die Jalousien sind fast alle heruntergelassen, und in den kleinen Blumen- und Gemüsegärten, mit ein paar Geranien davor, ist kein Mensch.
Mehr als einen Kilometer weit erstrecken sich diese kleinen Reihenhäuser, deren Bewohner im Moment alle schlafen oder zur Arbeit sind.
Dann biegt die Straße um eine ganz weiße Zementfabrik, und nun taucht ganz hinten in der Ebene – die noch ausgedehnter geworden ist – eine Handvoll ganz gleich aussehender Häuser auf, kleine Kasernen, könnte man meinen, von gelblicher Farbe, einem Gelb, das mit der Zeit beinahe weiß geworden ist. Oberhalb dieser Handvoll ganz gleich aussehender kleiner Kasernen, umgeben von ein paar neueren kleinen Häusern, wachsen Eichen und Palmen.

48

Mamma Roma muß das Meer überqueren, das unbewegt und losgelöst von den Wurzeln der Welt vor ihr daliegt wie eine Vision: Das erfüllt sie mit neuer Sorge, verursacht ihr neue Qual. Und doch ist alles so schön in diesem Licht, so angenehm und vollkommen, daß auch diese Qual und diese Sorge beinahe un-

wichtig werden und sich mit einer schönen Neugier mischen, die am Ende das Herz mit Freude erfüllt.
Sie erwartet, daß irgend etwas geschieht, und irgend etwas wird auch geschehen müssen. Sie setzt sich an das Ufer des Meeres in den Staub, der nicht beschmutzt, und zieht sich mit einem Lächeln der Erleichterung die Schuhe aus; nachsichtiger Zorn zerfurcht dieses Lächeln, Zorn über die Pein, die ihre Schuhe den Füßen bereiten.

Mamma Roma Dieses verdammte Hühnerauge! Das bringt mich noch um!

Sie blickt hoch und sieht neben sich Tonino stehen, dessen zahnloser kleiner Mund ein einziges Lachen ist.

Tonino He, Signora Ro', was is, wollen Sie da rüber? Gehn Sie einfach! Machen Sie es wie ich!

Und gesagt, getan läuft er über das Meer, geht er die Wellen hinauf und hinunter, als seien es Hügelchen. Mamma Roma zieht sich die Schuhe wieder an und geht hinter Tonino her: Ja, sie wandelt wie er über die Wellen, ganz glücklich, ganz berauscht. Hinter dem Meer sieht man die Bögen des Aquädukts und die Häuser von Cecafumo in den Himmel ragen; wie schön diese Häuser sind und zum Greifen nah!
Der Traum scheint zu verblassen. Unerreichbare Orte, jenseits des Meeres gibt es anscheinend nicht mehr!
Man kann überall hin, alle sind überall: Niemand verschwindet in der Ferne, zwischen Staubwolken, die sich ganz, ganz langsam in Luft auflösen, während sich ganz, ganz langsam das Dröhnen der Motorräder in der Ferne verliert!
Hier, unter den Füßen, liegt die ausgetrocknete Wiese, dort, zum Greifen nah, sind die Schießbuden, dort ist das Karussell, das man besteigen, mit dem man fahren, in dessen weißer Kutsche man sich im Kreis drehen kann!

Vor dem Kramladen mit fast ganz heruntergelassenen Rolläden an der weißen Straße von Guidonia stehen zwei, drei Palmen. Neben einer Palme steht ein Fahrrad mit einem großen Korb, vollgepackt mit Brotlaiben.
Mamma Roma redet gerade mit einem ewig langen, schwarzhaarigen Menschen, dem Haarbüschel um die Ohren stehen; er hört ihr zu.

Mamma Roma Das is mein Sohn.

Krämer Wer? Ettore?

Mamma Roma Er is 'n tüchtiger Junge, wirklich tüchtig! Alles andere als auf den Kopf gefallen! Heut morgen hat er nich mal gefrühstückt!

Krämer Gehen Sie ein Stück zur Seite, hier wachsen Pilze!

Mamma Roma blickt besorgt zu Boden, vor ihre Füße, und tritt lächelnd ein bißchen zur Seite.

Mamma Roma Entschuldigen Sie! Also, dann kann Ettore jetzt hier arbeiten!

Der Krämer – sein Gesicht ist ölverschmiert – schaut verschmitzt, als müsse er gleich loslachen: So leicht macht ihm niemand etwas vor. Und er macht mit dem Mund matt ps, ps. Dann hebt er das Kinn und zeigt Ettore das Rad mit dem Korb.

Krämer Los! Liefer die Brote da aus!

Ettore gehorcht, unsicher und voll guten Willens, und geht auf das Rad zu: Es hat nicht einen Korb, sondern zwei Körbe – einen an der Mittelstange und einen auf dem Gepäckträger. Ettore paßt, obwohl er so dünn ist, kaum zwischen die zwei großen Körbe und braucht eine Weile, bis er sich zwischen sie hineingezwängt hat. Er befindet sich in einer schwierigen Lage: Er reicht nur mit Mühe an den Lenker, und um vorn etwas sehen zu können, muß er das Kinn über den Korb recken. Müßte er absteigen, so wäre das gar nicht so einfach, im Handumdrehen, zu bewerkstelligen: Er müßte anhalten und erst einmal das Bein zwischen den zwei Körben hervorziehen. In dieser unglücklichen Lage blickt er unsicher zurück zu seiner Mutter. Aber Mamma Roma ist ganz vertieft in das Gespräch mit dem Krämer, dort hinten, nun schon weit entfernt, auf der weißen Straße. Der Krämer kratzt sich gerade am Rücken; und das Hemd rutscht ihm aus der Hose. Ettore hört schon kaum mehr die Stimme des Mannes und die seiner Mutter.

Mamma Roma Was haben Sie für ein schmutziges Hemd an! Geben Sie's mir, ich wasch es!

Der Krämer brummelt unverständliches Zeug und zieht sich mit Hilfe von Mamma Roma das Hemd aus: Sie bewegen sich ganz weit dahinten, im weißen, trüben Licht – und Ettore versucht vergeblich, sie auf sich aufmerksam zu machen.

Ettore Mamma! Ma'!

Da aber niemand reagiert, fährt er los, tritt nun ganz langsam in die Pedale, eingezwängt, gefangen zwischen den zwei großen Körben.

Die Straße läuft auf die Ebene zu, und ganz allmählich bleiben die letzten Häuser zurück. Nur der Graben begleitet die Straße, feucht und grün, als hätte es gerade geregnet, und so grün ist das Gras, wie eine Fahne. Dahinter erstreckt sich die trockene Landschaft in einer Farbe wie schmutziger Schnee bis hin zu den Bergen, die fern in der Luft schweben wie große, blaue Wolken. Man hört keinen Laut, keine Stimme, keinen Vogel, der singt, keine Zikade, keinen Schuß eines Jägers. Nichts. Ettore ist mit diesen zwei großen Körben allein, und er tritt und tritt in die ausgeleierten Pedale.

Da sind sie, es sind sieben oder acht, einer fieser und gemeiner als der andere: auch sie auf Fahrrädern, hinter einer Kurve, neben dem verwitterten, kaum kniehohen Mäuerchen. Stumm stehen sie da, einer gähnt, ein anderer schaut in die Weite, ein dritter hat die Hände auf dem Hosenzwickel, und die Tolle fällt ihm bis in die Augen.

Wie Ettore an ihnen vorbeifährt, sehen sie ihn nicht einmal an, es ist, als existiere er für sie nicht. Ettore schämt sich und hat vor ihnen Angst. Am liebsten wäre er tatsächlich inexistent; und er

mustert sie scheel, in der Hoffnung, sie möchten ihn tatsächlich nicht bemerken, bis er vorbei, bis er nicht mehr da, bis er wieder allein auf weiter Flur ist, mit seinem Brot.
Aber er ist noch keine paar Meter gefahren, da hört er hinter seinem Rücken schon, daß die Halbstarken sich rühren, und da sind sie auch schon auf seiner Höhe, alle ganz aus der Puste und verschwitzt.
Einer fährt ganz nahe an ihn heran, bis er ihn fast schon streift, und drängt ihn ab, dem Graben zu. Er lacht nicht, dieser Hurensohn; seine gemeine blonde Tolle hängt ihm bis in die himmelblauen Augen. Ettore macht ein beleidigtes Gesicht, als heule er gleich los, wie er sieht, daß er zum Graben hin abgedrängt wird, und merkt, daß er das Fahrrad kaum mehr lenken kann, auf dem er wie angeschnallt sitzt.

Ettore He, he, was machst du denn da?

Der andere schneidet ihm den Weg ab und drängt ihn noch weiter zum Graben hin.

Blonder Versperr nich die Straße! Ich will vorbei!

Ettore schwankt auf seinem Rad und ist nahe daran, das Gleichgewicht zu verlieren und kopfüber mit seinen ganzen Körben in den schönen grünen Graben zu fliegen: Und jetzt wird er ein bißchen wütend.

Ettore Fahr weiter da drüben, du verdammter Kerl, ich flieg gleich hin wegen dir ...

Und indem er das sagt, versucht er, dem anderen einen Tritt zu geben, und hebt einen Augenblick lang den Fuß vom Pedal.
Der andere streckt geruhsam, unbeirrbar, die Hand aus und greift sich – zack – ein Brot. Über diesen Schachzug freut er sich selbst als erster, und in seinen Augen aus himmelblauem Glas blitzt einen Moment lang, während er in das Brot beißt, fast so etwas wie ein befriedigtes Lächeln auf.
Nun kommt ein anderer von den Kerlen an Ettore herangefahren, und – zack – entführt auch dieser ihm ein Brot. Ettore kann nichts dagegen tun: Weder kann er absteigen, noch kann er den Lenker loslassen. Seine Augen füllen sich mit unterdrückter Wut.

Ettore Ihr nutzt aus, daß ich mich nich bewegen kann, ihr verdammten Scheißer! Gebt das Brot her!

Ja! Die zwei, die das Brot geklaut haben, kauen es glückselig. Jetzt fährt an Ettore ein dritter heran, mit krausen schwarzen Haaren und einer roten Schirmmütze über den Augen: Um etwas sehen zu können, muß er den Hals verrenken und den Kopf in den Nacken werfen. Auch er schnappt sich – zack – ein Brot.

Ettore Du Dreckskerl, laß das Brot los!

Es kommt der vierte an, der größte von allen; ein Lächeln kräuselt seinen Mund unter der spitzen großen Nase: Und auch er entführt, als sei es eine Pflichtübung, sein Brot.

Ettore ist rot angelaufen vor Wut, und in seinen Augen stehen Tränen. Die Stimme kratzt ihm im Hals, es dreht ihm beinahe die Eingeweide um, während er mit voller Kraft schreit:

Ettore Ich hab mir dein Gesicht gemerkt, du Hurensohn, du dreckiger, du mit deinem Rüssel!

Als einzige Antwort stellt sich der andere noch einmal vor den vorderen Korb und nimmt noch einmal zwei, drei Brote und wirft sie in den Graben. Der fünfte ist der Kleinste, einer von der Sorte, die noch kein bißchen Bart haben und noch wie kleine Schweinchen glänzen und glatte Schnittlauchlocken haben und die beim Radfahren, weil ihre Füße sonst noch nicht an die Pedale reichen, mit dem Hintern verzweifelt in der Luft auf und nieder fliegen. Auch er langt mit der Hand in den Korb, den er nur mit Mühe erreicht, und klaut sich ein Brot. Ettore ist verzweifelt: Die Schmach, die sie ihm antun, ist unerträglich, und er kann nichts dagegen tun. Er schreit wie ein kleiner Junge, den die Kameraden an Händen und Füßen festhalten und kitzeln und der das nicht will, weil es etwas ist, was ihn bis in seine tiefste Seele hinein verletzt.

Ettore Das is überhaupt nich mein Brot, ihr verdammten Kerle, das gehört mir überhaupt nich! Laßt mich in Ruhe! Verflucht noch mal ...!

Er hält an, indem er einen Fuß auf einen Felsblock setzt, auf dem Rand des Grabens. Und er versucht, sich zwischen den zwei

Körben herauszuwinden und abzusteigen. Aber die anderen achten gar nicht auf ihn und setzen ihren Weg fort, treten träge im grauen Licht der Sonne in die Pedale. Ettore wischt sich die Tränen ab, steigt wieder auf das Rad und beginnt ebenfalls, ganz langsam wieder loszustrampeln.
Aber da halten die anderen erneut und drehen sich, mit einem Fuß auf dem Boden, wieder zu ihm um. Ihre kleinen, gemeinen Gesichter sind ein einziges Lachen, das sie runzelig aussehen läßt wie alte Weiber. Ettore verlangsamt seine Fahrt immer mehr. Sie aber radeln, diesmal mit einem besessenen Lachen, in voller Fahrt auf ihn zu und beginnen wieder, einer nach dem anderen, ihm das Brot wegzunehmen.
Ettore, gefangen zwischen den Körben, machtlos, beginnt wieder zu fluchen, tritt in die Pedale, weint.

50

Und da hört Mamma Roma in der Höhe, in der Tiefe dieser blauen Weite, Lärm, Motorenlärm. Vielleicht ein Flugzeug. Ja, ja, es ist ein Flugzeug, das in der Tiefe des Himmels dröhnt. Da ist der lange, gerade weiße Streifen, den es zurückläßt. Sein lautes, fernes, anhaltendes Dröhnen kommt jedoch in Wellen an. Einmal voller, dann wieder schwächer; es ist ein ungeheures Dröhnen, das den ganzen Himmel in eine schwankende, an- und abschwellende Schwingung versetzt. Wie die dreimotorigen Bomber, die im Krieg beim Anflug auf eine Stadt ihre Formation wegen eines Maschinenschadens verlassen mußten und allein zurückkehrten: mit diesem bald lauten, bald schwachen Dröhnen, das kurz vor dem Ersterben war, wie ein Todkranker, dem die Luft ausgeht: und man lauschte diesem Dröhnen voller Angst, weil der Bomberpilot bei einem irreparablen Schaden, sobald den Motor die Kraft endgültig verließ, sich seiner Last entledigen konnte und die Bomben dann wahllos auf Dörfer und Städte herunterregnen ließ. Lange pulst dieses

Dröhnen am Himmel und scheint sich nun zu nähern; Mamma Roma lauscht aufmerksam, als erwarte sie, daß es von einem Moment auf den anderen sichtbar, am Ufer des Meeres, neben ihr auftaucht.
Und plötzlich ist das Dröhnen tatsächlich ganz nah, beinahe betäubend nah: wie das Dröhnen eines Motorrades, das mit voller Geschwindigkeit dicht an einem vorbeirast. Aber direkt vor Mamma Romas Ohren verwandelt sich das seltsame Dröhnen des Motorrads in eine Person. Noch dröhnend steht sie einige Augenblicke vor ihr und scheint ganz in Eisen gekleidet, wie ein Krieger.
Das Problem ist, daß Mamma Roma nicht einmal im Traum auf so außergewöhnliche Personen trifft: Man hätte sonst sagen können, die Person, die aus dem Dröhnen des Motorrads hervortrat, sei ein Engel gewesen: einer jener mit Schwert und Trompete bewaffneten Erzengel, die man oben auf den Fassaden von Kirchen sieht.
Aber es war kein Engel, denn nach und nach legte er seine ganze Rüstung ab, und ebenso die Flügel: Und was zurückblieb, war ein ganz gewöhnlicher Mensch, eins achtzig groß oder noch größer, mit einem blonden Haarschopf.
Mamma Roma erkannte sie.

Mamma Roma Iiiih, aber Gioia, das bist ja du!

Gioia Siehst du, was ich für ein schönes Kleid hab?

Mamma Roma betrachtet zutiefst dankbar und höflich das Kleid.

Mamma Roma Das is ja funkelnagelneu? Hast du es noch nie angehabt?

Gioia setzt sich seelenruhig in den Sand.

Gioia Noch nie. Ach, bin ich müde, Mamma Ro', ich bin todmüde! Bin ich lang gelaufen, von den Bergen bis hierher!

Mamma Roma sieht ihr zu, wie sie sich reckt und es sich bequem macht, wie jemand, der sich erschöpft, aber zufrieden, richtig schön ausruht; und wie Mamma Roma ihr so zusieht, hat die andere angefangen zu reden, und Mamma Roma hört zu und merkt, daß Gioia schon eine ganze Weile redet, und es ist, als erzähle sie einen Witz.

Gioia Es waren einmal zwei Männer, einer kam von einem Berg herabgestiegen, und der andere von einem anderen Berg ...

51

Auf einer weiten Ebene, im trockenen und trüben Licht der Sonne, sieht man zwei Berge.

Von einem steigt ein Mann herab, und vom anderen ein anderer Mann.

Die Stimme von Gioia Alle beide kamen aus dem Krieg zurück ... Der eine war ein Soldat aus dem Heer, das bis zum letzten Tag gekämpft hatte ... Er war ein tapferer Mann, wirklich ein echter Soldat ... Der andere aber war abgehauen, er war ein Fahnenflüchtiger, der sich in den Bergen versteckt hatte, ein Partisan ... Die zwei gehen und gehen, steigen die Berge hinab und treffen sich auf demselben Pfad ...

Die beiden Männer gehen auf einem Pfad inmitten der Ebene, die bläulich am nackten Fuß der Berge beginnt. Sie gehen und gehen, ohne miteinander zu reden. Aber mit der Zeit werfen sie sich Blicke zu und beginnen, sich gegenseitig voller Haß zu mustern. Sie beginnen zu streiten.

Soldat Du bist schuld, du bist an allem schuld!

Partisan Daß du dich noch reden traust!

Soldat Du bist zum Kotzen! Zum Kotzen!

Auf einen Schlag packt der Partisan wutverzerrt den Soldaten am Kragen.

Partisan Paß bloß auf, sonst erwürg ich dich, du Scheißkerl!

Der Soldat packt den Partisanen an den Haaren.

Soldat Das werden wir gleich sehen, wer hier wen erwürgt! Paß auf, sonst reiß ich dir alle vier Haare aus, die du noch aufm Kopf hast!

Der Partisan tritt den Soldaten wütend gegen das Schienbein, und der Soldat fährt ihm seinerseits mit seinen Nägeln ins Gesicht und zerkratzt ihn ganz.
Nun beginnen sie, aufeinander einzuschlagen, und rollen über das dürre Gras und in den Staub wie zwei Huren.
Nach einer Weile hören sie auf, stecken sich ihre Hemden wieder in die Hose und gehen weiter. Eine Zeitlang gehen sie so nebeneinander her, dann öffnet der Soldat wieder seinen Mund und sagt:

Soldat Hab ich einen Hunger!

Partisan Wem erzählst du das!

Soldat Wie, meinst du, wir finden nichts, womit wir uns den Bauch vollstopfen können? Sehn wir so aus? Wir finden jetzt was!

Partisan Hinter dem Berg steht immer eine Kuh. Los, beeil dich!

Tatsächlich steht hinter einem kleinen Berg eine Kuh und weidet im dürren harten Gras. Die zwei packen sie, fesseln sie und führen sie zu einem Baum.

Soldat Paß auf, daß sie nich merkt, daß wir sie schlachten wollen!

Sie binden sie an den Baum und ziehen die Messer heraus.

Partisan Stich sie ab!

Soldat Nein, stich du sie ab!

Partisan Nein, stich du sie ab, eine Kuh is doch gleich umgebracht! Du stichst hier vorn rein ...

Der Soldat war Mamma Roma, und der Partisan war Gioia: Beide stehen nun da, mit dem Messer in der Hand, entschlossen, die Kuh zu schlachten und sie dann zu verspeisen.

Gioia Tut mir leid, aber ich hab Angst!

Mamma Roma Dann haben wir auch nichts zu essen! Los, nur Mut, das haben wir gleich ... Wir stechen sie zusammen ab!

Während sie so reden, drehen sie sich um zu der Kuh. Aber die Kuh beginnt aus vollem Hals zu muhen.

Gioia Iiiih, die kriegt ein Junges!

Mamma Roma betrachtet freudig erstaunt die Kuh, die tatsächlich gerade kalbt: Da ist das Kälbchen, schon hat es den Bauch der Mutter verlassen und hüpft auf dem dürren Gras umher.

Mamma Roma Is das schön! Hab ich recht, Gioia? Is das nich lieb?

Die Kuh und das Kälbchen sehen sich an, reiben sich aneinander und beginnen dann, unter dem großen Gelächter von Mamma Roma und Gioia, sich aufs Maul zu küssen.

Mamma Roma Schau, das sieht wirklich aus, als seien sie Menschen, richtige Christenmenschen wie wir! Die küssen sich auf den Mund wie Menschen!

Und sie lacht und lacht.

52

Ettore, den noch immer die weiße Straße entlang die Bande verfolgt, die ihm das Brot entführt, tritt weinend in die Pedale. Nichts hat sich geändert, und nichts deutet darauf hin, daß sich etwas ändern könnte. Nur die Hitze wird immer größer.

53

Mamma Roma steht auf, geht ans Fenster, öffnet es und blickt unbewegt auf die Sonne draußen, die schon hoch am Himmel steht.

Mamma Roma Mein armer Kleiner.

Sie geht vom Fenster weg ins Innere der Wohnung, in die kleine Küche.

Sie nimmt den Milchtopf vom Herd, gießt sich Milch ein, brockt Brot dazu und beginnt zu essen.

Mamma Roma Mein armer Kleiner. Er is auf die Welt gekommen und is immer allein gewesen. Ganz allein hat er sich zurechtfinden müssen, wie ein Spatz ... Ganz allein hat er sich umsehen müssen, hat er auf wer weiß was gewartet, allein auf dieser Welt ...

Sie schluckt einen Bissen Brot hinunter, und in ihren Augen stehen Tränen.

54

Mamma Roma zieht ihren Karren, beladen mit der zerlegten Bude, zum Markt.

Die von der Sonne grell ausgeleuchteten Straßen öffnen sich rings um sie her.

Andere Leute, einfache Leute wie sie, beginnen ihr Tagwerk: arme Schatten, die das scharfe Licht ausschneidet, mit ihren Karren, ihrem Gerät.

Da ist ein zweiter Karren: Es ist der von Piero, der sich, strahlend vor Jugend und Gesundheit, Mamma Roma auf dem Weg zum Markt anschließt.

Piero Ah, Signora Ro' ... Und, wie steht's?

Mamma Roma Laß mich in Ruhe, Pie'.

Piero Denken Sie nich dran, Signora Ro'! Ich hab auch im Gefängnis gesessen, als ich jung war ... Das sind alles Sachen, die gehn vorbei ...

Ein kleiner Junge überholt sie schnell mit seinem Moped: Er ähnelt Ettore, es könnte Ettore sein.

Mamma Roma sieht ihm verzweifelt nach. Piero redet liebevoll und unbeholfen weiter:

Piero Das hat auch sein Gutes! Wenn man wieder rauskommt, weiß man wenigstens, wie schlecht die Welt sein kann! Man nimmt Vernunft an ... Denken Sie nich dran, Signora Ro' ... Das sind alles Sachen, die gehn vorbei ...

Der kleine Junge mit dem Moped verschwindet am Ende der Straße in der strahlenden Sonne, die den Tau auf dem Müll trocknet.

Mamma Roma Na ja! Na ja! Meereswellen vierzig, Soldaten

dreiundvierzig, Kühe auf der Wiese achtzig, die Zahlen spiel ich jetzt im Lotto ... Man weiß nie! Man muß bloß ein bißchen Glück haben!

Und sie lacht und lacht und wischt sich dabei mit dem Handrükken den Schweiß von der Stirn.

55

Ettore hat wieder begonnen zu schreien und windet sich wieder, trotz seiner von den Gurten gefesselten Hand- und Fußgelenke, auf seinem Bett aus Zement. Auch über die Brust ziehen sich Gurte und halten ihn fest auf dem Zement. Da er nichts weiter tun kann, windet er sich wie ein kleines Tier, auf das ein Fuß tritt, wirft sich hartnäckig immer wieder mit dem Becken hoch, krümmt sein Rückgrat und preßt seinen Bauch heraus, den die schmutzige weiße Unterhose bedeckt. Es nützt nichts, daß er sich windet, wirklich wie ein kleines getretenes Tier, das nicht weiß, wie und warum es getreten wird und wer es tritt, und naiverweise glaubt, durch dieses Sichkrümmen etwas erkämpfen zu können: ein normales Leben, das er, kaum hatte er es kennengelernt, schon wieder verlor. So sind diese weißen Unterhosen auf dem Bauch, der sich windet, anspannt, wieder zurückfällt, sich verzweifelt wieder hebt, wie ein Streifen, der sich nur ein ganz kleines bißchen weißer im brutalen, grellen Weiß des Morgengrauens bewegt.

(1961)

Serie Piper

Fritz René Allemann 26mal die Schweiz. SP 5106
Franz Alt Frieden ist möglich. SP 284
Altes Testament Hrsg. von Hanns-Martin Lutz/Hermann Timm/ Eike Christian Hirsch. SP 347
Jürg Amann Ach, diese Wege sind sehr dunkel. SP 398
Jürg Amann Die Baumschule. SP 342
Jürg Amann Franz Kafka. SP 260
Stefan Andres Positano. SP 315
Stefan Andres Wir sind Utopia. SP 95
Ernest Ansermet Die Grundlagen der Musik. SP 388
Ernest Ansermet/J.-Claude Piguet Gespräche über Musik. SP 74
Hannah Arendt Macht und Gewalt. SP 1
Hannah Arendt Rahel Varnhagen. SP 230
Hannah Arendt Über die Revolution. SP 76
Hannah Arendt Vita activa oder Vom tätigen Leben. SP 217
Hannah Arendt Walter Benjamin/Bertolt Brecht. SP 12
Birgitta Arens Katzengold. SP 276
Atomkraft – ein Weg der Vernunft? Hrsg. v. Philipp Kreuzer/ Peter Koslowski/Reinhard Löw. SP 238
Ingeborg Bachmann Anrufung des Großen Bären. SP 307
Ingeborg Bachmann Frankfurter Vorlesungen: Probleme zeitgenössischer Dichtung. SP 205
Ingeborg Bachmann Die gestundete Zeit. SP 306
Ingeborg Bachmann Die Hörspiele. SP 139
Ingeborg Bachmann Das Honditschkreuz. SP 295
Ingeborg Bachmann Liebe: Dunkler Erdteil. SP 330
Ingeborg Bachmann Die Wahrheit ist dem Menschen zumutbar. SP 218
Ernst Barlach Drei Dramen. SP 163
Giorgio Bassani Die Gärten der Finzi-Contini. SP 314
Wolf Graf von Baudissin Nie wieder Sieg. Hrsg. von Cornelia Bührle/Claus von Rosen. SP 242
Werner Becker Der Streit um den Frieden. SP 354
Max Beckmann Briefe im Kriege. SP 286
Max Beckmann Leben in Berlin. SP 325
Hans Bender Telepathie, Hellsehen und Psychokinese. SP 31
Hans Bender Zukunftsvisionen, Kriegsprophezeiungen, Sterbeerlebnisse. SP 246
Bruno Bettelheim Gespräche mit Müttern. SP 155

Serie Piper

Serie Piper

Jürg Federspiel Museum des Hasses. SP 220
Joachim C. Fest Das Gesicht des Dritten Reiches. SP 199
Iring Fetscher Herrschaft und Emanzipation. SP 146
Iring Fetscher Karl Marx und der Marxismus. SP 374
Iring Fetscher Der Marxismus. SP 296
Andreas Flitner Spielen – Lernen. SP 22
Fortschritt ohne Maß? Hrsg. Reinhard Löw/Peter Koslowski/
Philipp Kreuzer. SP 235
Viktor E. Frankl Die Sinnfrage in der Psychotherapie. SP 214
Richard Friedenthal Diderot. SP 316
Richard Friedenthal Goethe. SP 248
Richard Friedenthal Jan Hus. SP 331
Richard Friedenthal Leonardo. SP 299
Richard Friedenthal Luther. SP 259
Harald Fritzsch Quarks. SP 332
Carlo Emilio Gadda Die Erkenntnis des Schmerzes. SP 376
Walther Gerlach/Martha List Johannes Kepler. SP 201
Jewgenia Ginsburg Gratwanderung. SP 293
Albert Görres Kennt die Religion den Menschen? SP 318
Goethe – ein Denkmal wird lebendig. Hrsg. von Harald Eggebrecht. SP 247
Erving Goffman Wir alle spielen Theater. SP 312
Helmut Gollwitzer Was ist Religion? SP 197
Tony Gray 5mal Irland. SP 5105
Martin Greiffenhagen Das Dilemma des Konservatismus
in Deutschland. SP 162
Norbert Greinacher Die Kirche der Armen. SP 196
Grundelemente der Weltpolitik Hrsg. von Gottfried-Karl Kindermann. SP 224
Albert Paris Gütersloh Der Lügner unter Bürgern. SP 335
Albert Paris Gütersloh Eine sagenhafte Figur. SP 372
Albert Paris Gütersloh Sonne und Mond. SP 305
Olaf Gulbransson Es war einmal. SP 266
Olaf Gulbransson Und so weiter. SP 267
Hildegard Hamm-Brücher Gerechtigkeit erhöht ein Volk. SP 346
Hildegard Hamm-Brücher Der Politiker und sein Gewissen. SP 269
Wolfram Hanrieder Fragmente der Macht. SP 231
Bernhard Hassenstein Instinkt Lernen Spielen Einsicht. SP 193
Bernhard und Helma Hassenstein Was Kindern zusteht. SP 169

Serie Piper

Walter Jens   Die Verschwörung/Der tödliche Schlag. SP 111
Walter Jens   Von deutscher Rede. SP 277
Louise J. Kaplan   Die zweite Geburt. SP 324
Friedrich Kassebeer   Die Tränen der Hoffnung. SP 392
Wilhelm Kempff   Was ich hörte, was ich sah. SP 391
Rudolf Kippenhahn   Hundert Milliarden Sonnen. SP 343
Michael Köhlmeier   Der Peverl Toni. SP 381
Leszek Kolakowski   Die Gegenwärtigkeit des Mythos. SP 149
Leszek Kolakowski   Der Himmelsschlüssel. SP 232
Leszek Kolakowski   Der Mensch ohne Alternative. SP 140
Christian Graf von Krockow   Gewalt für den Frieden? SP 323
Hans Küng   Ewiges Leben? SP 364
Hans Küng   Die Kirche. SP 161
Hans Küng   20 Thesen zum Christsein. SP 100
Hans Küng   24 Thesen zur Gottesfrage. SP 171
Konrad Lorenz   Die acht Todsünden der zivilisierten Menschheit. SP 50
Konrad Lorenz   Das Wirkungsgefüge der Natur und das Schicksal des Menschen. SP 309
Konrad Lorenz   Über tierisches und menschliches Verhalten. Bd. I SP 360
Konrad Lorenz   Über tierisches und menschliches Verhalten. Bd. II SP 361
Konrad Lorenz/Franz Kreuzer   Leben ist Lernen. SP 223
Lust am Denken   Hrsg. von Klaus Piper. SP 250
Lust an der Musik   Hrsg. von Klaus Stadler. SP 350
Franz Marc   Briefe aus dem Feld. Neu hrsg. von Klaus Lankheit/Uwe Steffen. SP 233
Yehudi Menuhin   Ich bin fasziniert von allem Menschlichen. SP 263
Yehudi Menuhin   Variationen. SP 369
Christa Meves   Verhaltensstörungen bei Kindern. SP 20
Alexander Mitscherlich   Auf dem Weg zur vaterlosen Gesellschaft. SP 45
Alexander Mitscherlich   Der Kampf um die Erinnerung. SP 303
Alexander und Margarete Mitscherlich   Eine deutsche Art zu lieben. SP 2
Alexander und Margarete Mitscherlich   Die Unfähigkeit zu trauern. SP 168
Margarete Mitscherlich   Das Ende der Vorbilder. SP 183
Christian Morgenstern   Galgenlieder. SP 291
Christian Morgenstern   Palmström. SP 375
Christian Morgenstern   Werke in vier Bänden. Band I SP 271, Band II SP 272, Band III SP 273, Band IV SP 274

Serie Piper

Neues Testament Hrsg. von Gerhard Iber. SP 348
Ernst Nolte Der Faschismus in seiner Epoche. SP 365
Ernst Nolte Der Weltkonflikt in Deutschland. SP 222
Pier Paolo Pasolini Accattone. SP 344
Pier Paolo Pasolini Gramsci's Asche. SP 313
Pier Paolo Pasolini Mamma Roma. SP 302
Pier Paolo Pasolini Teorema oder Die nackten Füße. SP 200
Pier Paolo Pasolini Vita Violenta. SP 240
P.E.N.-Schriftstellerlexikon Hrsg. von Martin Gregor-Dellin/ Elisabeth Endres. SP 243
Karl R. Popper/Konrad Lorenz Die Zukunft ist offen. SP 340
Ludwig Rausch Strahlenrisiko!? SP 194
Fritz Redl/David Wineman Kinder, die hassen. SP 333
Fritz Redl/David Wineman Steuerung des aggressiven Verhaltens beim Kind. SP 129
Willi Reich Alban Berg. SP 288
Rupert Riedl Evolution und Erkenntnis. SP 378
Rupert Riedl Die Strategie der Genesis. SP 290
Romain Rolland Georg Friedrich Händel. SP 359
Jörg Kaspar Roth Hilfe für Helfer: Balint-Gruppen. SP 389
Ivan D. Rožanskij Geschichte der antiken Wissenschaft. SP 292
Hans Schaefer Plädoyer für eine neue Medizin. SP 225
Robert F. Schmidt/Albrecht Struppler Der Schmerz. SP 241
Arthur Schopenhauer Metaphysik der Natur. SP 362
Schwabing Hrsg. von Oda Schaefer. SP 366
Hannes Schwenger Im Jahr des Großen Bruders. SP 326
Gerd Seitz Erklär mir den Fußball. SP 5002
Kurt Sontheimer Grundzüge des politischen Systems der Bundesrepublik Deutschland. SP 351
Robert Spaemann Rousseau – Bürger ohne Vaterland. SP 203
Die Stimme des Menschen Hrsg. von Hans Walter Bähr. SP 234
Hans Peter Thiel Erklär mir die Erde. SP 5003
Hans Peter Thiel Erklär mir die Tiere. SP 5005
Hans Peter Thiel/Ferdinand Anton Erklär mir die Entdecker. SP 5001
Ludwig Thoma Heilige Nacht. SP 262
Ludwig Thoma Moral. SP 297
Ludwig Thoma Münchnerinnen. SP 339

Ludwig Thoma Tante Frieda. SP 379
Ludwig Thoma Der Wilderer und andere Jägergeschichten. SP 321
Giuseppe Tomasi di Lampedusa Der Leopard. SP 320
Franz Tumler Das Land Südtirol. SP 352
Das Valentin Buch Hrsg. von Michael Schulte. SP 370
Karl Valentin Die Friedenspfeife. SP 311
Vor uns die goldenen neunziger Jahre Hrsg. von Martin Jänicke. SP 377
Cosima Wagner Die Tagebücher. Bd. 1 SP 251, Bd. 2 SP 252, Bd. 3 SP 253, Bd. 4 SP 254
Richard Wagner Mein Denken. Hrsg. von Martin Gregor-Dellin. SP 264
Paul Watzlawick Wie wirklich ist die Wirklichkeit? SP 174
Der Weg ins Dritte Reich. SP 261
Wege zum Sinn Hrsg. von Alfried Längle. SP 387
Johannes Wickert Isaac Newton. SP 215
Wolfgang Wickler Die Biologie der Zehn Gebote. SP 236
Wolfgang Wickler/Uta Seibt männlich weiblich. SP 285
Wolfgang Wieser Konrad Lorenz und seine Kritiker. SP 134
Wörterbuch der Erziehung Hrsg. von Christoph Wulf. SP 345
Wilhelm Worringer Abstraktion und Einfühlung. SP 122
Heinz Zahrnt Aufklärung durch Religion. SP 210
Dieter E. Zimmer Die Vernunft der Gefühle. SP 227